포스트 차이나, 방글라데시가 깨어난다

Post China, Bangladesh is Rising

포스트 차이나, 방글라데시가 깨어난다

베트남을 놓쳤다면 방글라데시를 잡아라

김종원 지음

좋은땅

코로나 이후, 포스트 차이나 시대에 세계의 공장은 어디로 갈 것인가? 베트남, 미얀마, 인도네시아, 인도 혹은 아프리카 어디를 흔히들 이야기 한다. 그러나 나는 이 책을 통해 감추어진 한 나라를 소개하고자 한다. 방글라데시다.

인터넷 어디를 찾아봐도 방글라데시가 포스트 차이나 국가로 주목되는 경우는 많지 않다. 그도 그럴 것이 방글라데시는 우리에게 거리감이 있었다. 지리적으로도 서남아시아로 분류되어 우리에게 익숙한 동남아시아와는 구분되고 이슬람 문화권에 최빈국 이미지가 너무 오래 남아 있었다. 이웃나라 미얀마, 캄보디아, 라오스 그리고 베트남까지 합친 인구, 1억 7천만 명의 거대 시장임에도 불구하고 이 나라를 소개하는 비즈니스 안내 책자조차 출간된 적이 없다. 그러고 보니 이 책이 우리나라에서 방글라데시를 소개하는 최초의 경제 서적이 된 셈이다.

방글라데시는 지난 10년 동안 한 해도 빠짐없이 6~7%의 경제 성장을 이어 오다가 코로나 직전 2019년에는 8.4%로 전 세계에서 가장 높은 성장률을 기록했다. 코로나 사태로 모든 나라의 경제가 초토화된 2020년에도 IMF 기준으로 3.8%를 달성했다. 중국이 1.9%, 베트남이 1.6%, 이웃나라 인도는 마이너스 10.5%로 곤두박질쳤으나 방글라데시는 계속해서 놀라운 경제성장을 이어 가고 있다.

우리에게는 참으로 생소한 나라, 인구밀도 세계 최고의 최빈국으로만 알려졌던 방글라데시에 세계의 이목이 집중되고 있다. 이미 진출한 한국 기업도 적지 않다. 해외 건설 수주 부문에서 2019년에 한국 기업은 방글라데시에서 8억 불을 수주하여 우리에게 전 세계 8위의 건설 시장이 되었다. 2020년에는 코로나 상황에서도 17억 불(2조 원)을 수주하여 전년도보다 2배 이상의 수주액을 기록했다.

세계은행(World Bank) 기준으로 2019년 방글라데시 GDP는 3천억 불을 넘어 전 세계 42위로 46위의 베트남보다 규모가 크다. HSBC 은행은 2030년까지 방글라데시 경제 규모가 전 세계 26위까지 상승할 것으로 전망하며 향후 10년 동안 가장 빠르게 성장할 나라로 내다봤다. 금융전문지 〈배런스〉(Barron's)는 방글라데시 중산층 및 고소득층 성장 잠재력이 아시아 국가에서 베트남에 이어 두 번째로 높다고 분석했다. 그리고 인구의 30%가 10~24세에 해당한다는 UN의 보고서는 절대적인 인구도 많지만 젊은 층의 인구 비중이 높다는 분석으로 이러한 경제성장 예측을 뒷받침하고 있다.

방글라데시는 1971년 늦깎이 독립국가로 출발해서, 수차례의 군부 쿠데타와 2명의 국가 원수 암살 등 정치적인 갈등 속에 그동안 한 번도 제대로 된 경제개발을 추진하지 못했다. 그러나 지난 10년 동안 정치적인 안정 속에 유례없는 경제성장을 이어 오고 있는데 이러한 추세는 앞으로도 지속될 전망이다.

방글라데시와 한국과의 인연은 각별하다. 한국 기업은 1978년에 이 땅에 첫발을 내딛고 이 나라 섬유·봉제산업의 초석을 다졌다. 당시 ㈜대우가 산업 불모지 방글라데시 현지인 150명을 한국으로 데려와 기술을 가르쳤으며 이들이 씨앗이 되어 지금의 섬유·봉제업은 국가 전체 수출의 83%를 차지하며 중국에 이어 전 세계 2위의 의류 수출 국가로 자리매김하게 되었다. 지금도 현지 수출가공공단(EPZ)에 가장 많은 외국 기업이 한국 기업이다. 특히 영원무역은 국가에서 운영하는 전국의 수출가공공단 8개를 합친 것보다 더 큰 규모인 300만 평, 즉 여의도 면적 3배에 버금가는 대규모 단일 민간 공단을 개발하여 방글라데시 전역에 현지인 6만 명 이상을 고용하고 있는데 그 성공 스토리는 전설로 회자되고 있다.

아직도 방글라데시의 인건비는 중국의 1/5, 인도의 1/2 수준이다. 베트남보다 훨씬 낮다. 글로벌 기업들은 끊임없이 값싼 노동력과 비용절감이 가능한 생산 기지 확보에 혈안이 되어 왔다. 이제 방글라데시가 포스트 차이나 시대에 전 세계의 주목을 받으며 외국 기업을 향해 손짓하고 있다. 우리의 경쟁국 일본, 중국은 이미 자국 전용공단을 건설하고 있고 방글라데시 정부도 전국에 100개의 산업단지를 신규로 개발하고 있다. 각종 개발 사업으로 우리나라 1970년대 공업화 초기 시대를 다시 보는 느낌이다. 글로벌 밸류체인에 기반한 세상은 돌고 돈다. 우리는 서울의 개발 과정을 다 기억한다. 허허벌판 강남 땅, 북경, 상해, 호치민, 하노이의 역사가 이제 다시 여기서 꿈틀거린다.

분명 기회의 땅이다. 그러나 우리에게는 알려지지 않은 미지의 나라다. 문화적인 차이도 크고 현지 비즈니스 환경도 우리와 너무나 다르다. 객관적인 이해를 돕기 위해 몇 가지 숫자만 소개한다. 공공부문 부패지수가 전 세계 180개국 중 143위, 기업하기 얼마나 좋은지를 평가하는 기업환경평가지수는 190개국 중 168위다. 숫자가 클수록 안 좋은 것이다. 수도 다카의 거리엔 구걸하는 이들이 난무한데 경제성장은 전 세계 1, 2위를 다투고 GDP는 베트남보다 크단다. 기회의 땅이라는데 그 황금 맥은 어디에 숨어 있는가? 잘못 들어섰다가는 기업의 명운도 장담할 수 없다.

이러한 상황을 보면서, 필자는 위에서 언급한 극과 극을 달리는 숫자들의 차이를 메꿔 줄 무언가가 필요하다고 생각했다. 그래서 지난 3년 반 동안 방글라데시 현지의 기업인, 정치가, 관료, 군인 등 다양한 인사들과 교류하면서 체득한 지식과 경험을 바탕으로 방글라데시의 현실을 분석했고 미래의 가능성을 공유하고자 이 책을 출간하게 되었다. 부디 현지 진출을 생각하는 기업인이나 봉사단체, NGO, 종교단체에 이르기까지 방글라데시에 관심 있는 모든 분들에게 조금이나마 도움이 되었으면 하는 바람이다.

그리고 이 책이 방글라데시를 소개하는 최초의 경제 서적이 되는 만큼, 앞으로 보다 많은 이들의 관심과 더욱더 심도 있는 책들이 뒤를 따를 수 있기를 바란다.

저자 김종원

목 차

제2장 가난에서 탈출하기, 기업이 살아난다

제3장 방글라데시 진출, 아는 만큼 거둔다

제1장

고난의 반세기,
아물지 않은 상처

1

독립, 너무나 비싼 대가

방글라데시는 1971년 파키스탄에서 독립하였다. 그 이전까지는 지금
의 파키스탄을 서파키스탄, 지금의 방글라데시를 동파키스탄이라 불렀
다. 지구상에 이런 나라도 없었을 것이다. 한 나라가 인도라는 거대한 대
륙을 사이에 두고 코끼리의 양 귀처럼 멀리 떨어져 있었다.

이러한 기현상은 영국의 인도 식민 지배에서 생겨났다. 당시 식민지 인
도는 지금의 인도, 파키스탄, 방글라데시를 포함하고 있었다. 1947년 영
국이 떠날 때 이 지역은 종교로 갈라졌다. 종교야말로 인류가 가장 바꾸
기 힘든 문화체계일 것이다. 정권이 바뀌고 나라가 없어져도 개개인의
의식 구조에 뿌리내린 종교는 인간과 그가 속한 사회의 모든 제도와 행동
양식을 지배했다.

힌두교가 지배적인 인도를 사이에 두고 수만 리 떨어진 양쪽에 이슬람

국가로 서파키스탄과 동파키스탄(현재의 방글라데시)이 생겨났다. 이렇게 기이한 나라는 오래가지 못했다. 동·서파키스탄이 비록 종교는 같다고 하지만 지리적으로도 멀리 떨어져 있고 문화도 인종도 다르고 무엇보다 언어가 달랐다.

서파키스탄은 자신들의 언어인 우르두어를 동·서파키스탄의 통일 국어로 밀어붙였다. 그러나 벵골어가 모국어인 동파키스탄으로서는 이 문제가 생존이 걸린 사안이었다. 동·서 두 체제가 경쟁을 하던 상황에서 우르두어를 모르는 벵골인에게는 너무나 일방적인 핸디캡이었고 무엇보다도 모국어를 잃게 되면 벵골 민족의 정체성을 송두리째 날리게 된다는 위기감에 사로잡혔다.

동·서 간의 갈등은 10년 이상 지속되었다. 급기야 1970년에는 동·서파키스탄 통합 총선이 있었는데 동파키스탄(지금의 방글라데시)에 기반을 둔 아와미 연맹(Awami League)이 승리하였다. 당시에 동파키스탄의 인구가 서파키스탄보다 많았다는 점도 선거 결과에 영향이 있었을 것이다. 그러나 그때까지 정권을 잡고 있던 서파키스탄은 선거 결과를 수용하지 않았다. 권력을 넘겨주지 않고 오히려 군부에 의한 무자비한 탄압과 학살을 자행하였다. 도저히 동·서파키스탄은 봉합될 수 없는 선을 넘어 버린 것이다.

그동안의 탄압과 차별에 견디다 못한 동파키스탄은 결국 1971년 독립을 선언하고 서파키스탄과 내전에 돌입한다. 이 과정에서 현재 총리

(Hasina)의 아버지인 쉐이크 무지부르 라흐만(Sheikh Mujibur Rahman)
은 방글라데시를 대표하는 아와미 연맹의 당수로 명연설을 하게 된다.
이름하여 'Bangabandhu의 3월 7일 연설'로 1971년 3월 꽃피는 봄날에
100만 군중 앞에서 방글라데시의 자유와 독립을 위한 투쟁을 선포하였고
방글라데시 국민들의 절대적인 지지를 받게 된다.

Bangabandhu(방가반두)는 벵골의 친구(Freind of Bengal)라는 뜻으
로 현 총리의 아버지(Sheikh Mujibur Rahman)의 별칭이며 그의 이 명연
설은 2017년에 유네스코 기록유산으로 등재될 정도로 인류 역사상 가치
를 인정받고 있다. 그는 방글라데시에서 건국의 아버지, 초대 대통령으
로 추앙받고 있다.

〈Bangabandhu의 1971년 3월 7일 연설 장면〉

포스트 차이나, 방글라데시가 깨어난다

이러한 독립 운동에 가만히 있을 서파키스탄이 아니었다. 상대적으로 우수한 군사력으로 동파키스탄을 여지없이 밀어붙였다. 군인뿐 아니라 학생, 농민에게까지 무자비한 학살을 자행하였다. 이 전쟁에서 방글라데시인 300만 명이 희생되었다. 그리고 전 세계 유례가 없는 20만 명이 넘는 여성들이 강간 피해를 당했다. 우리나라의 6·25 전쟁에서 희생자를 100만 명 정도로 보는데 얼마나 비참한 전쟁이었는지 짐작할 수 있다.

이러한 대학살과 여성에 대한 엄청난 공격이 가해졌지만 세계 경찰국가를 자처하던 미국도 전혀 개입하지 않았다. 당시 미국은 베트남 전쟁의 막바지에 고전을 면치 못하면서 국내 반전 여론도 드높아 더 이상 다른 나라의 내전에 개입할 입장이 아니었다. 거기다 미국은 파키스탄과 1954년 상호방위 조약을 체결하고 상당한 무기까지 공급한 동맹국이었다. 영국으로부터 독립 후 인도는 비동맹 국가를 표방하면서 미국보다는 소련에 기대는 모습을 보였기 때문에 미국은 인도를 견제하기 위해 파키스탄을 지원한 것이다.

전쟁 초기부터 수세에 몰린 방글라데시 독립군은 일단 인접국 인도로 후퇴하고 600만 명이 넘는 민간인들도 피난 행렬을 이루어 인도로 들어가게 된다. 이에 놀란 인도가 드디어 독립군을 지원하며 전쟁에 개입한다. 물론 인도는 항상 파키스탄이 눈엣가시였다. 종교도 다르지만 동·서 양쪽에 파키스탄이 있어 항상 위협을 당하고 있었기 때문에 이 기회에 아주 서파키스탄이 지배하고 있던 동파키스탄을 독립시켜 버리고 싶었던 것이다. 인도군은 개입하자마자 파죽지세로 서파키스탄을 몰아붙여 2주만에 전세를 완전히 뒤집어 버렸다. 드디어 1971년 12월 16일 파키스탄이 항목 문서에 서명함으로써 방글라데시는 그리도 갈망하던 독립을 쟁취한다.

2

고단한 삶, 그래도 아침이면
1억 7천만 명이 눈을 뜬다

1971년에 탄생한 신생 독립국의 시작은 순탄치 못했다. 그동안 중앙 행정 부처가 서파키스탄에 집중되어 있었으니 독립을 하고 나서 행정 경험의 부족에서 오는 혼란도 만만치 않았다. 거기다가 전쟁 중에 수많은 지식인들이 희생되고 대부분의 엘리트 집단도 인도로 피난을 가서 전쟁 후에도 돌아오지 않아 폐허로 시작한 신생 독립국을 재건하기에는 부족함이 많았다.

방글라데시의 1인당 국민 소득은 2020년에야 겨우 2,000불을 넘어섰다. 오랜 기간 UN이 정한 세계 최빈국 중 하나였다. 1971년 독립 이후 지난 반세기 동안 외부 세계는 발전에 발전을 거듭하는 동안 방글라데시는 세계 경제의 성장 축에서 철저히 소외되었다.

정치적 불안정과 정부의 거버넌스 부족이 큰 문제였다. 그동안 2명의 국가 원수가 살해당하고 수차례의 쿠데타로 정권이 교체되었다. 1억 7천만 인구의 작지 않은 나라를 이끌어 가기에 통치력과 행정력은 좀처럼 받쳐 주지 못했다.

가난에서 벗어나기 위한 노력 중에 민간에서도 다양한 시도가 있었는데 그중에 하나가 그라민 은행(Grameen Bank)이다. 고리 대금에 시달리는 농촌의 극빈 여성을 구제하기 위한 마이크로 파이낸싱(무담보 소액 대출) 사업을 도입했다. 초대 대통령이 살해당한 이듬해인 1976년, 극도의 사회 혼란기에 대학에서 경제학을 가르치던 유누스(Muhammad Yunus) 박사에 의해 시작되었다.

당시에 가난으로 나라는 또다시 곤경에 빠지고 악독한 고리대금은 힘없는 여성들을 헤어날 수 없는 고통 속으로 밀어 넣었다. 대학에서 본인이 가르치던 경제학의 고상한 이론은 허공 속에 흩어지는 의미 없는 소리로만 들렸을 것이다. 불과 5년 전의 전쟁에서 수십만 명의 여성들이 강간 피해를 당했고 전후에도 이들을 포함한 방글라데시 여성들에게 희망은 보이지 않았다. 삶은 그야말로 처참했다.

전쟁은 끝났지만 여성들은 가난이라는 또 다른 전쟁에 내몰리게 된 것이다. 유누스 박사는 처음에는 3만 원(27불)으로 농촌 빈민 여성에 무담보 소액 대출을 해 주었다. 이후 이 사업은 성공가도에 올라 방글라데시 국내는 물론 전 세계적으로 알려져 외국 정부나 국제단체의 지원도 쇄도하였다. 한때 전국 지점만 2,000개가 넘고 융자 규모는 처음 3만 원(27불)에서

3조 원이 넘을 정도로 활성화되었다. 유누스 박사는 이 사업으로 2006년 노벨 평화상을 수상하였으며 이 사업 모델은 전 세계로 전파되었다.

그러나 이 좋은 취지의 사업도 시간이 지나면서 지나친 이윤추구, 강압적인 채권 회수, 외국의 원조 자금에 대한 비정상적인 관리 의혹 등 여러 가지 난관과 비판에 직면하게 된다. 전국 단위로 사업 규모가 갑자기 커지고 아직까지 주변의 제반 사회 시스템 자체의 비효율성이 장애물로 상존하다 보니 이러한 문제에 봉착하게 된 것이다. 어쩌면 유누스 박사 개인 한 사람으로서 감당할 수 없는 상황이었을지도 모른다. 초기의 성공적인 정착 후 이 사업은 곧 성장의 한계에 부딪히고 유누스 박사의 꿈은 여전히 진행형으로 남아 있다.

사실 방글라데시의 여성들에 대한 정책은 그 뿌리가 깊다. 지금 국가 수출의 83%를 차지하는 봉제 분야도 대부분 여성 노동자들 위주로 운영된다. 전쟁 후 의지할 데 없는 여성들을 위한 가장 효율적인 지원책은 여성들을 위한 봉제공장의 일자리였을지도 모른다.

오랜 기간의 정치적인 불안정과 지독한 가난에서 실질적으로 벗어나게 된 것은 현 정부가 집권한 2008년 이후라고 해야 할 것 같다. 초대 대통령의 딸인 하시나(Hasina) 총리를 중심으로 정치적인 안정을 기반으로 강력한 경제개발 정책을 추진함으로써 드디어 지속가능한 경제발전의 메카니즘을 구축하게 되었다. 이제 최빈국에서 탈출하고 지난 수년간 전 세계 최고의 경제성장률을 자랑하게 되었다.

그동안 부실 대출이 포함된 일부 시중 은행의 문제도 방글라데시 경제의 발목을 잡았다. 부실 대출은 은행 시스템에 대한 잠재적 위험뿐 아니라 때로는 막대한 공적 자금이 투입되어 대다수 국민들의 세금이 낭비되고 일부 정치인이나 기업가의 살만 찌우는 꼴이 되었다. 유누스 박사도 《빈곤 없는 세상을 위하여》(Creating a World Without Poverty, 1998)라는 그의 저서에서 '은행은 부자를 위한 자선단체'라고 지적한 바 있다.

이러한 인위적인 비효율성에 더하여 자연환경도 결코 녹록지 않았다. 벵골 지역을 강타하는 사이클론은 매년 이 지역에 큰 피해를 입혔는데 1970년에는 50만 명, 1991년에는 14만 명이 목숨을 잃을 정도였으며 매년 폭풍과 홍수로 크고 작은 피해를 입고 있다.

또한 최근 이슈화되고 있는 로힝야족 문제도 있다. 이들은 미얀마에서 탈출하여 방글라데시로 들어오고 있는데 거의 100만 명에 육박한다. 1억 7천만 명이나 되는 거대 인구도 감당하기 힘든데 어느 작은 나라의 인구에 버금가는 엄청난 숫자의 난민을 떠맡아야 하는 큰 부담을 안게 되었다. 이들 로힝야족은 미얀마인과는 원래 다른 민족으로 식민지 시절 영국이 미얀마 통치에 이들을 이용했다. 영국으로부터 독립 후에도 서로 갈등을 이어 왔으며 종교도 불교가 아닌 이슬람으로 최근 불교국 미얀마의 인종청소에 버금가는 학살로 대규모 난민이 방글라데시로 탈출하였다.

방글라데시 수도 다카는 서울의 절반 크기인데 인구는 2천만 명이 넘는다. 세계에서 인구밀도가 가장 높은 도시다. 도시 어느 지역, 어느 골목을 가더라도 그야말로 인산인해다. 모두가 바쁘다. 열심히 무얼 한다. 결코 녹녹지 않았던 역사와 시련, 수많은 사람들과의 치열한 경쟁 속에서 어느 누구도 자유롭지 못하다.

극복할 수 있는 시련은 인간을 더 단단하게 성장시킨다. 물질적인 환경이 좋아서 혹은 물질적으로 풍족하지 않지만 경쟁할 필요가 없거나 자연환경이 도와줘서 그렇게 악착같이 살지 않아도 가족을 부양하고 그럭저럭 살아갈 수 있는 나라도 있겠지만 이곳은 아니다.

하루하루의 삶이 고단하고 힘들어도 1억 7천만 명이 그래도 아침이면 눈을 뜨고 치열한 삶의 현장으로 다시 몸을 던진다. 저마다 보다 나은 미래를 꿈꾼다. 금융전문지 〈배런스〉(Barron's)는 방글라데시 중산층 및 고소득층의 성장 잠재력이 아시아 국가에서 베트남에 이어 두 번째로 높다고 분석하였다. 이는 방글라데시가 지난 10년간 연간 6~7% 이상의 고속 경제성장을 지속해 온 점에 기인하고 있으며 시장 잠재력도 크게 성장하고 있다.

또한 1천만 명이 넘는 방글라데시인들이 전 세계에 나가서 매년 자국 GDP의 10%에 버금가는 외화를 국내로 송금하고 있는데 수출과 더불어 제2의 외화수입원이며 자국 경제의 핵심 축 중 하나로 간주된다.

그리고 인구의 30%가 10~24세에 해당한다는 UN의 보고서만 보더라도 절대적인 인구도 많지만 젊은 층의 인구 비중이 상대적으로 높아 경제 성장의 또 다른 기반이 되고 있다. 인구로만 치자면 이웃나라 미얀마, 캄보디아, 라오스에 베트남까지 합쳐야 겨우 방글라데시 한 나라와 맞먹는다. 이들 나라와 1인당 국민 소득은 크게 차이 나지 않는데 인구가 많아 그만큼 시장 규모가 크다. 2019년 기준 총 GDP 규모는 베트남을 능가하였다.

수많은 희생을 감수한 독립전쟁과 이후 정치 불안, 가난 그리고 자연재해로 엄청난 시련을 겪어 온 방글라데시가 이제 깨어나고 있다. 전 세계에서 가장 높은 경제성장률, 소득 확대로 인한 중산층의 급격한 증가, 소비 시장의 확대, 풍부하고 유연한 노동 시장과 유리한 생산 비용 등 이러한 점들이 세계가 포스트 코로나 시대에 포스트 차이나 국가로 방글라데시를 주목하는 이유다.

포스트 차이나, 방글라데시가 깨어난다

3

물의 나라, 히말라야
모든 물을 온몸으로 견뎌 내다

방글라데시는 "뱅골의 땅"이라는 뜻이다. 동서로는 미얀마와 인도 사이, 남북으로는 뱅골만과 히말라야 사이에 위치하고 있다. 남한 면적의 1.5배에 인구는 1억 7천만 명이다. 인구밀도가 세계 1위다. 수도인 다카는 어디를 가나 인산인해다.

왜 이렇게 사람이 많이 살게 된 것일까? 오래전부터 농사가 잘되었기 때문이 아닌가 싶다. 과거 이집트 고대문명이 나일 델타에서 번성하였듯이 방글라데시는 남아시아의 뱅골 델타에 해당한다. 풍부한 강수량과 따뜻한 기후로 3모작이 가능한데 매년 히말라야에서 강으로 쏟아져 내려오는 토사는 이 땅에 영양분을 공급했다.

방글라데시는 그야말로 물의 나라다. 자체 강수량도 우리나라의 3배 정도다. 거기다 북쪽 히말라야 산맥의 수천km 산비탈에 쏟아지는 빗물도 강을 이루어 마지막에는 방글라데시를 거쳐 벵골만으로 흘러 들어간다. 벵골만의 습한 공기가 북쪽으로 올라가다가 히말라야 산맥에서 찬 공기를 만나면 그야말로 하늘에 구멍이 나고 폭포수가 쏟아진다. 서쪽으로는 인도에서 흘러오는 2,500km 갠지스강이, 동쪽으로는 티베트에서 발원한 2,900km 브라마푸트라강이 수만 리 히말라야 산비탈의 모든 물을 모아모아 방글라데시에서 만나 바다로 흘러간다.

〈방글라데시에서 만나는 거대한 강들〉

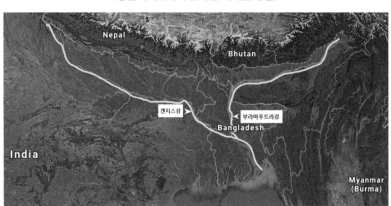

7월에서 10월까지 이어지는 우기에는 매년 홍수를 피해 갈 수 없다. 누런 흙탕물은 인간이 만들어 놓은 강가의 모든 구조물을 삼켜 버린다. 오로지 강물 위에 보이는 것은 이곳저곳 침수된 벽돌 공장의 굴뚝 끝부분이다. 공장은 굴뚝을 숨구멍 삼아 수개월 동안 물밑에서 조용히 쉬게 된다. 엄청난 양의 진흙이 강을 따라 매년 흘러오니 우기가 지나면 벽돌 굽기에는 더할 나위 없이 좋은 조건이 된다.

포스트 차이나, 방글라데시가 깨어난다

11월이 되면 우기가 끝나고 강물도 줄어든다. 이듬해 2월까지는 건조한 겨울에 해당하는 계절이다. 본격적으로 황사가 찾아오며 밤에는 제법 쌀쌀하여 난방기구도 찾게 된다. 그리고 물이 빠진 강가에는 새로운 생명이 움트기 시작한다. 노란 겨자(mustard)꽃이 만발하여 들판을 덮는다.

3월부터 다시 비가 오고 더워진다. 결국 봄과 가을은 생략된 셈이다. 아니다. 봄도 가을도 어쨌든 잠깐씩 혹은 사이사이에 있는 셈인지도 모른다. 겨울이라고 해야 얼음도 얼지 않으니 우리로서는 좀 생소한 겨울이지만 이 애매한 겨울이 2월에 끝난다. 이때쯤이면 이제 본격적으로 꽃들이 앞 다투어 피어난다. 자연의 섭리는 아주 단순하다. 겨울 같지 않은 겨울이지만 그래도 뭔가 지나야 새로운 생명을 시작하니 말이다.

가을은 이 애매모호한 겨울 전에 잠시 왔다 가는 셈이다. 춥지 않은 겨울 동안 가끔 낙엽 썩는 냄새를 맡으면 잠시나마 고국의 가을 정취에 빠지기도 한다. 꽃은 겨울을 보내야 새 생명을 시작하고 나무는 잎을 떨구어야 새로운 한 해를 시작한다. 이렇게 이 땅에도 수만 년 동안 사람들이 물과 씨름하며 농사를 짓고, 피고 지는 꽃을 보며 기쁨도 아픔도 흘려보내며 그렇게 긴긴 세월을 살아왔다.

4

정치, 하시나(Hasina),
어느 딸의 이야기

하시나는 방글라데시 현재 총리의 이름이다. Sheikh Hasina다. 대통령
제가 아닌 내각책임제라서 총리가 결국 나라의 실권자다. 거의 200년에
가까운 영국 식민 지배로부터 동·서파키스탄으로 독립한 1947년 출생한
해방둥이다.

초대 대통령이자 국부로 추앙받고 있는 쉐이크 무지부르 라흐만(Sheikh
Mujibur Rahman)의 장녀다. 방글라데시의 독립을 이끌었던 아버지는 독
립 후 4년 만인 1975년 부인 그리고 세 아들과 함께 자택에서 살해당했다.
그때 그녀는 독일에서 공부 중인 핵물리학자 남편을 만나러 해외에 체류
하여 화를 면했다. 이후 그녀의 앞에는 방글라데시의 현대사만큼이나 파
란만장한 인생 스토리가 펼쳐졌다.

이 이야기를 영화로 만든 것이 〈하시나, 어느 딸의 이야기〉(Hasina, a

daughter's tale)다.

이 영화는 우리나라에서도 2019
년 DMZ 국제다큐멘터리 영화제
에 소개되었다. 영화의 스토리는
이러하다.

〈영화 포스터〉
(the Centre for Research and Information
and Applebox Films 공동 제작)

남편을 만나러 독일에 갔다가
그 운명의 밤에 그녀는 이웃나
라 벨기에 소재 방글라데시 대사
관에서 초청한 저녁 만찬에 참석
하고 있었다. 전쟁 직후인 방글
라데시를 떠나 유럽을 여행 중인
대통령의 딸을 위한 대사관 파티
는 얼마나 평화롭고 화려했을까?

파티가 끝나고 다음 날 이른 새벽, 대사관 검은색 전화기 벨소리가 불
길하게 건물을 흔들어 깨웠다. 본국에서 연락이 온 것이다. 간밤에 군부
쿠데타가 터졌다. 아버지와 어머니 그리고 세 명의 남동생까지 처참하게
살해되었다.

'하늘이 무너져 내렸다. 어떻게 하지?'

그녀를 초청한 대사도 갈피를 못 잡긴 마찬가지였다. 쿠데타 세력이 분명히 살아남은 딸을 찾을 텐데. 이제 온 사방에서 짐승들의 울부짖는 소리만 들렸다. 어디로 가야 할지 갈피를 잡을 수가 없었다. 다행히 남편이 공부하고 있던 독일에 주재하던 방글라데시 대사의 도움을 받아 인도로 무사히 망명을 하게 된다.

이후 1981년 다시 방글라데시로 돌아오기까지 인도에서 가족을 잃은 슬픔과 어찌할 바를 모르는 막막한 심정으로 숨만 쉬고 살았다. 그러나 방글라데시 내부에서는 또다시 치열한 권력 다툼이 계속되고 예전 아버지가 이끌었던 아와미 연맹(Awami League)은 전열을 가다듬어 그녀를 당 대표로 영입한다. 1981년 3월, 6년간의 망명 생활을 청산하고 드디어 귀국한다.

그리고 2달 후, 2대 대통령이었던 지아우르 라흐만(Ziaur Rahman)도 또 다른 군부 쿠데타로 피살된다. 독립한 지 10년 만에 두 명의 국가 원수가 살해되는 그야말로 피의 악순환 속에 방글라데시의 현대사는 쓰여지기 시작했다.

이 영화는 대통령인 아버지와 가족이 피살되는 시련, 그리고 무기력하고 막막했던 인도에서의 망명 생활과 다시 귀국하여 정권을 되찾게 되는 어느 딸의 파란만장한 인생 스토리를 다루었다.

영화 이야기는 이 정도로 하고 당시 이 사건의 배경과 전개 과정을 좀 더 살펴보자. 여기서 방글라데시의 비극적인 현대사의 모든 원인과 단서가 나온다.

  그녀의 아버지는 독립 과정에서 추앙받던 국가 지도자였다. 국부(Father of Nation)로 불리고 있으며 동·서파키스탄 체제에서 방글라데시가 독립을 쟁취하는 데 가장 핵심적인 역할을 한 영웅이다. 이름은 Sheikh Mujibur Rahman인데 별칭인 Bangabandhu(Friend of Bengal)로 더 잘 알려져 있다. 그는 1975년 대통령 중심제로 개헌하면서 정국 안정의 명분으로 BAKSAL(노동자 농민 아와미 연맹)이라는 당을 만들어 1당 체제를 구축했는데 이러한 체제에 대항하는 군부 세력이 결집하여 쿠데타를 일으켰다. 여기에는 당시 세력을 확장해 가던 좌익 군부 세력도 일조를 했다. 그리고 집권당이 너무 인도에 굴종적이고 군을 배제한다는 이유도 있었다. 영국 식민 지배 기간부터 영국은 파키스탄 군인들을 중용했다. 방글라데시인 중 장교가 된 인물은 거의 없었다. 영국이 물러가고 동·서파키스탄 체제에서도 이러한 흐름은 지속되어 파키스탄인들이 군 고위직을 거의 차지하고 있었다. 이렇다 보니 방글라데시가 독립한 이후에도 군부에는 파키스탄의 그림자가 늘 서성거리고 있었다. 그리고 자신들의 독립을 지원했던 인도와 독립을 저지했던 파키스탄은 서로 적국이었으며 파키스탄과 미국은 동맹관계였기 때문에 이 사건의 배후로 파키스탄과 미국은 자주 언급되곤 한다.

  대통령 시해 직후 새로운 권력자가 나타난다. 지아우르 라흐만(Ziaur Rahman)이다. 그는 현재 총리의 아버지(Sheikh Mujibur Rahman)가 살해될 당시 비상계엄하의 참모 총장이었다. 시해 사건 3년 뒤 1978년 대통령에 취임하고 방글라데시 역사상 2개의 거대 정당 중 하나인 BNP(Bangladesh Nationalist Party)를 창당한다. 그는 시해 사건의 주동자들을 해외로 도피시켜 각국 대사로 임명하여 국내에서의 처벌을 면하게 했다. 이러한 점은 그가 비록 직접적으로 시해 사건에 개입하지는 않았지만 간접적으로 동조한 것으로 여겨진다.

그러나 그도 3년 뒤 1981년 또 다른 군부 쿠데타로 피살된다. 그의 미망인인 칼레다 지아(Khaleda Zia)는 그가 창당한 BNP당의 당수가 된다.

현재 방글라데시에는 집권당인 아와미 연맹(AL)과 야당인 방글라데시 민족주의당(BNP) 2개 정당이 대표적이다. 내각책임제인 정치 시스템 하에서 두 정당의 당수는 모두 여성이다. 아와미 연맹의 당수인 현 총리 하시나(Hasina)는 초대 대통령이었던 아버지와 온 가족이 정적들에 희생당하는 아픔을 겪었다. 그리고 현 야당을 이끌고 있는 지아(Zia)는 대통령이었던 남편을 잃었다.

이 두 당의 반목과 갈등은 지난 반세기 동안 방글라데시 정치의 큰 걸림돌이 되었다. 기업들은 선거철마다 정치 헌금에 고민해야 했고 정권이 바뀌면 이전 정권에 줄을 선 기업들은 불이익을 당했다. 정치인과 공무원들조차 다음 선거에서 어떻게 될지 모르니 우왕좌왕하기에 바빴다. 가장 최근의 총선이었던 2018년 선거도 야당 탄압 등의 이유로 야당이 보이콧을 한 상황에서 치러지는 등 정치적인 갈등은 지속되어 왔다.

포스트 차이나, 방글라데시가 깨어난다

늘 가난과 배고픔에 허덕이는 국민들은 당장 견디기 힘들고 야당에서 선거에서 이기면 세상을 바꿔 주겠다고 하니 또 한 번 믿고 표를 갖다 바친다. 그렇게 5년마다 정권은 바뀌고 지난 반세기 동안 현 총리가 아버지를 포함 3번, 야당 당수는 남편을 포함 3번 집권하였다. 그러다가 2008년 말 선거에서 지금 여당인 아와미 연맹이 승리하여 2009년부터 집권하였으며 현 총리는 2014년, 2018년 선거에서 연거푸 승리하면서 그동안의 잦은 정권 교체로 인한 사회 혼란을 종식하고 경제발전에 전력할 수 있게 되었다.

다시 말해 2009년 이후 그동안의 정권 교체 패턴이 완전히 바뀌었다는 이야기다. 그 이전까지 5년마다 정권이 바뀌었지만 2009년 이후 현 여당(AL: Awami League)이 계속 집권하여 일단 정치가 안정되었다. 이에 따라 기업 활동의 불확실성은 사라지고 정부에서도 지속 가능한 경제 정책을 실행할 수 있어 방글라데시는 지난 10년간 매년 연평균 경제성장률이 6~7%를 상회하면서 2019년에는 8% 이상의 전 세계 최고의 성장률을 달성하였다.

아래 표는 독립 후 지금까지 정권 변천사를 요약한 것이다.

〈방글라데시 기간별 정권 교체 현황〉

기간 (연도)	72~75	78~81	82~90	91~96	96~01	01~06	06~08	09~
정권	무지부르 라흐만 (하시나 부친)	지아우르 라흐만 (지아 남편)	군부 정권	지아	하시나	지아	과도 정부	하시나
비고	피살	피살						

이처럼 파란 만장 했던 방글라데시 역사는 1971년 독립해서 2021년에 정확히 반세기가 되었다. 현 하시나(Hasina) 총리는 존경받던 초대 대통령의 딸로 태어나서 안락하고 편안한 삶을 살 수도 있었다. 그러나 신생 독립국가의 현실은 그렇지 못했다. 지난 50년간 누구보다 큰 아픔과 시련을 이겨 내야만 했다.

가족을 잃은 슬픔과 인도 망명생활뿐 아니라 2004년에는 다카에서 군중 연설을 하던 중 정적들의 수류탄 테러에 또 한 번 죽음의 고비를 넘게 된다. 연설대 인근 빌딩 옥상에서 수류탄 13개가 날아와 24명이 사망하고 500명 이상이 부상한 큰 사건이었다. Hasina 총리 본인의 경호원도 사망할 정도로 위험하고 급박한 상황에서 자신도 부상을 입고 간신히 목숨은 건질 수 있었다.

아버지 앞에 그저 사랑스러운 철부지 딸이었는데, 어쩔 수 없는 역사의 소용돌이 속에 그리고 때로는 비정할 수밖에 없는 정치 현실 속에서 강철 같은 여인으로 살아와야 했다. 이제 그 많은 역경과 시련을 이겨 내고 반세기전 아버지가 꿈꾸었던 '황금빛 벵골(방글라데시 國歌 제목)'의 나라를 만들기 위해 노력하고 있다. 현재 국내에서 그녀의 정치적인 영향력은 확고하며 전 세계적으로도 가장 영향력 있는 여성 중 한 명으로 자주 언급된다.

5

우리와 다른 정부 조직,
수많은 장관들

　방글라데시에는 장관이 43명이나 있다. 우리나라는 장관이 18명이다. 방글라데시와 같은 내각책임제를 채택하고 있는 인도는 장관이 58명에 이른다. 총리가 내각을 이끄는 일본은 법으로 장관의 수가 14명을 넘지 못하도록 규정하고 있어 같은 내각제 나라라도 이렇게 차이가 있다.

　하여튼 방글라데시는 우리나라보다 장관(minister)이라고 불리는 사람이 두 배 이상이다. 장관이 많다는 이야기는 그만큼 주무부처 숫자도 많고 복잡하다는 이야기다. 현지 정부와 업무를 하다 보면 때로는 헷갈리고 혼란스럽기까지 하다.

　이제 이 많은 장관과 복잡한 정부 조직을 한번 들여다보자. 우선 내각책임제의 방글라데시 총리는 행정부 장관, 국방부 장관 그리고 전력, 에너지 및 광물자원부 장관을 겸하고 있다. 아주 중요한 주무부처를 직접 챙기는 것이다.

그리고 43명의 장관이 우리말로는 장관이지만 영어로는 구분이 된다. Minister가 있고 State Minister가 있다. 24명의 Minister와 19명의 State Minister가 있는데 Minister는 내각의 일원으로 내각 회의에 참석하지만 State Minister는 중요한 내각 회의의 정식 멤버라기보다는 필요한 사안이 있을 경우에만 선택적으로 참석하게 된다.

43명의 장관을 여기서 다 나열할 필요는 없는 것 같다. 주무부처 및 장관 리스트는 인터넷에서도 쉽게 검색이 가능하다. 다만 여기서는 43명이나 되는 장관에 대해 좀 정리하고 헷갈리는 부분에 대해 보충설명만 추가하고자 한다.

일반적으로 Minister는 고참이고 State Minister는 신참 장관이라고 우선 개념을 잡으면 된다. 그런데 이 State Minister 중에도 주무부처 하나를 전적으로 책임지면서 고참 Minister 없이 독자적인 결정을 하고 총리에게 직접 보고하는 State Minister가 12명이 있고, 고참 Minister 밑에서 보좌만 하는 State Minister가 7명이 있다. 물론 보좌만 하는 State Minister는 부처 내에서 독자적인 결정을 못하고 총리 보고 등도 Minister를 거쳐서 해야 한다. 산업부(industries), 지방정부/지방개발부(Local Government, Rural Development and Co-operatives), 정보/방송통신부(Information and Broadcasting)와 사회복지부(Social Welfare) 등이 보좌하는 State Minister를 두고 있다. 총리실 내에도 2명이 있다.

우리나라에도 있고 전 세계 공통으로 있는 주무부처인 외교부, 교육부, 법무부, 국토부, 산업부, 농업부, 보건부, 도로교통부, 환경부 등은 24명의 고참 Minister가 맡고 있으며 이들은 내각 회의의 정식 멤버다. 그리고 상대적으로 다소 특수한 분야로 이해될 수 있는 수자원부(Water Resources), 종교부(Religious Affairs), 주택 및 공공 사업부(Housing and Public Works), 해상운송부(Shipping) 등은 12명의 State Minister가 맡고 있다. 이들은 보좌하는 State Minister가 아니라 독립적으로 행정을 처리하고 특정 사안에 대해 내각 회의에 참석하며 총리에게 직접 보고도 가능하다.

이렇게 설명하는 것도 복잡한데 실제 무슨 일이 있어 주무부처를 찾고 업무를 진행하기는 더 헷갈리는 느낌이 든다. 예를 들어 고참 장관(Minister)이 관장하는 정보 및 방송통신부(Information and Broadcasting)가 있는데 별도로 고참 Minister 없이 State Minister가 관장하는 정보통신 기술부(Information and Communication Technology Division)가 따로 있다. 그리고 또 고참 장관(Minister)이 관장하는 우편/전기통신부(Post and telecommunication)가 또 있다. 우리나라는 과학기술정보통신부(Science and ICT)에 방송을 제외하고 이들 3가지 업무가 다 통합되어 있고 방글라데시의 과학기술부(Science and Technology) 업무도 포함하니 방글라데시 3~4개 부처가 우리나라에서는 하나의 부처에서 하는 일을 나누어 하고 있다고 볼 수 있다.

우리나라의 산업통상자원부(Trade, Industry and Energy)에 해당하는 방글라데시 부처는 산업부(Industry), 상업부(Commerce) 그리고 전력,

에너지 및 광물자원부(Power, Energy and Mineral Resources)로 3개로 나뉘어 있다.

이렇듯 너무 세분화되고 복잡한 내각 조직은 우리나라 공무원이나 기업인 등 외국인으로서 대방글라데시 정부 업무를 수행할 때 어려움을 더욱 가중시킨다.

우리에게는 불편할지 몰라도 이러한 시스템이 당장 바뀔 여지는 많지 않으니 누가 장관이라고 하면 우선 위에서 언급한 3가지 부류의 장관 중 어떤 장관인지 확인이 필요하다. 그리고 어떤 장관을 만나서 확답을 받았다면 그 위에 또 고참 장관은 없는지, 그리고 본인이 추진 중인 업무와 직접적인 연관이 있는 부처인지 등 꼼꼼히 따져 보고 일을 진행해야 한다.

6

최대의 명절 '이드(Eid)', 문화를 이해하라

방글라데시는 무슬림 국가다. 중동 여러 나라처럼 아주 엄격한 종교 생활을 하는 것은 아니지만 그래도 인구의 90% 정도가 이슬람의 종교적인 관습에 따라 살고 있다. 이 중 이드(Eid)라고 하는 명절은 우리나라의 설날이나 추석처럼 이들에게는 가장 중요한 명절이다.

이드는 연중 두 번 있다. 한 달 동안 금식을 하는 라마단이 끝나고 바로 3일간 이어지는 첫 번째 이드를 Eid A Fitr라고 하고 성지순례 기간이 끝나고 기념하는 두 번째 이드를 Eid Al Adha라고 한다.

한 달 동안 금식을 하며 제대로 먹지도 못하다가 금식이 해제되는 첫 번째 이드가 두 번째 이드보다는 더욱 중요하게 인식되는 것 같다. 여러 가지 음식을 준비하고 아이들에게는 우리나라의 세뱃돈같이 어른들이 약간의 돈도 주게 되어 어른 아이 할 것 없이 모두 기분이 들뜨는 분위기다. 외국인들도 살고 있는 아파트의 경비원이나 청소부에게 이드 팁을 주게 된다. 현지 사정이 밝지 않아 주지 않고 넘어갈 경우 그들이 '복시시(기부, 팁의 뜻)'라고 하면서 당당하게 요구하기도 한다. 보통 1인당 우리 돈 1만 원 정도 준다고 보면 된다. 첫 번째 이드 때는 의무적으로 팁을 주게 되며 두 번째 이드 때는 그렇게 엄격히 지켜지지는 않는 것 같다.

우리에게는 큰돈이 아니지만 이들에게는 적지 않은 돈이고 기분 좋은 돈이다. 외국인으로 살면서 주위의 이런 사람들에게 인심을 얻어 놓는 것도 생활의 지혜다. 치안이 좋지 않고 폐쇄적인 사회일수록 우리가 보지 못하고 알지 못하는 일들이 항상 발생할 수 있다. 일 년에 한두 번 있는 명절을 통해 서로 인사를 나누며 주위 현지인들과 돈독한 관계를 유지해 나가는 것은 타국에서 이방인으로 살면서 필요한 또 다른 삶의 지혜다.

가정부와 기사 등 매월 월급을 주는 경우는 이드 보너스라는 것이 있다. 월급은 주인이 외국인일 경우 현지인들보다 더 많이 주는데 입주 가정부는 150불, 기사는 250불 수준이다. 보너스는 이들이 무슬림일 경우 1달치 월급에 해당하는 금액을 첫 번째 이드 때 50%, 두 번째 이드 때 50% 나누어 주고 크리스천일 경우 크리스마스 때 한꺼번에 100%의 보너스를 준다.

직장을 찾아 도시에서 일하던 사람들도 이때는 모두 고향으로 내려간다. 실제로 3일 연휴지만 연휴 전후로 쉬는 회사가 많아 1주일 정도 쉬는 분위기다.

두 번째 이드는 특히 소나 염소를 잡는 희생제 성격이 강하다. 방글라데시의 경우 두 번째 이드 아침에 집집마다 소나 염소를 집에서 잡는다. 부자는 소를, 형편이 좀 못하면 염소를 산다. 벌써 이드 며칠 전부터 가축을 사서 집 근처 공터에 메어 놓는다. 그리고 이드 아침이면 소를 잡아 주는 사람들이 집집마다 돌아다니며 거사를 치른다. 이 기간 중에는 수도 다카에도 골목골목 살벌한 풍경이 연출된다. 1년 치 소 도축의 절반이 이때 이루어진다. 외국인들은 이런 모습이 보기 싫어 이 기간 중에 외국으로 휴가를 떠나기도 한다. 필자는 이러한 모습에 방글라데시 현지인들은 거부감이 없는지 궁금해서 회사 직원들에게 물어본 적이 있다. 그런데 이들은 아주 어릴 때부터 보아 왔고 명절 풍경의 하나이라서 그런지 우리가 느끼는 그런 쇼킹한 감정은 없다고 한다. 오히려 축제 분위기를 끌어올리는 하나의 의식 정도인 것 같다. 이렇게 잡은 가축은 가난한 사람들과 친척들과 함께 나누어 먹는다. 이슬람교의 기부 문화와 연관이 있다.

그리고 거래처나 지인들로부터 'Eid Mubarak'라는 인사를 받게 된다. 요즘은 특히 메신저 등을 통해 이런 인사를 받게 되는데 '행복한 이드 되세요'라는 뜻이다. 먼저 이렇게 인사를 건네는 것도 좋다.

인간이 명절을 왜 만들었는지는 모르겠지만 어쨌든 우리나라에 설날, 추석이 있듯이 세계 각처에 그들만의 방식대로 명절이 있다. 방글라데시도 가난하고 힘들어도 명절 때만큼은 잠시 고단한 일상에서 벗어나 서로 인사하고 음식을 나누고 사랑하는 사람들과 시간을 보낸다. 외국인으로 이곳에 살면서 우리에게는 비록 생소하고 다소 거부감까지 느껴질 수도 있는 풍습이지만 이를 도외시하기보다는 그들의 문화와 생활 방식을 이해하고 먼저 다가가 인사를 건넨다면 반드시 아주 작은 일부터 모든 일이 더욱 수월하게 잘 풀릴 것이다.

7

타고르(Tagore),
벵골 문학의 대가

　우리가 기억하는 타고르(Rabindranath Tagore)는 인도의 시인으로 식민지 조선을 '동방의 등불'로 칭송해서 잘 알려져 있다. 그런데 방글라데시 이야기를 하면서 왜 인도 시인을 언급하는가? 사실 타고르의 모국어는 방글라데시의 언어인 벵골어다. 아시아 최초의 노벨 문학상을 안겨준 그의 유명한 시집 《기탄잘리》(신에게 바치는 노래)는 벵골어로 쓰였으며 후에 영어로 번역되어 노벨상을 받았다. 타고르는 방글라데시와 인도의 국가를 작사, 작곡했다. 음악성도 대단했었던 것 같다.

　벵골 민족의 후예인 타고르가 인도의 시인으로 불리는 것은 영국 식민 지배의 산물이다. 서쪽으로 아프가니스탄에서 동쪽으로 방글라데시에 걸치는 거대한 인도 무굴제국이 영국의 식민지로 전락하기 전 '무굴 벵골(Mughal Bengal)'은 제국의 행정 구역 중 가장 넓은 지역이었다. 인도에 1,000가지의 다른 언어들이 존재한다는데 벵골어를 쓰는 인구가 가장 많았을 것이다. 그리고 단일 언어를 쓰는 벵골인들의 민족의식은 남달랐을 것으로 보인다.

더욱이 영국은 서벵골인 콜카타를 중심으로 동인도 회사를 앞세워 식민 지배를 강화하는 과정에서 현지인들의 협조가 필요해 대학을 세우고 영어도 가르쳤다. 타고르의 할아버지는 이 동인도 회사의 현지 직원이었다. 이 과정에서 현지인들은 유럽의 지식과 문물을 습득하고 영국의 식민지 정책에 대해서 저항의 눈을 뜨기 시작했다. 급기야 1905년 영국은 벵골 지방을 동·서로 나누어 통치한다. 동벵골이 지금의 방글라데시고, 서벵골은 콜카타를 주도로 하는 지금의 인도 벵골주다. 이슬람교가 우세한 동벵골과 힌두교가 우세한 서벵골을 갈라놓아 힘을 빼자는 속셈이었다. 이러한 영국의 노력에도 벵골 민족의 저항은 더욱 거세져 1915년에는 식민지 인도의 수도를 콜카타에서 지금 인도의 수도인 델리로 옮길 지경에 이른다. 그때 새로 생긴 델리가 New Delhi다.

방글라데시인들은 타고르를 자기 민족의 후손으로 추앙한다. 그리고 그가 직접 작사, 작곡한 〈로빈드로 숑깃〉(Rabindra Sangeet)는 Tagore Song으로도 불리는데 방글라데시에서 아직도 많이 연주되고 찾는 이들이 많다. 행사나 연주회에 초청을 받으면 감상할 기회가 있을 것이다. 전통적인 기타 선율에 자연과 인간, 자기성찰, 남녀 간의 사랑 등을 주제로 하고 있으며 벵골어로 노래를 부르니 알아듣진 못해도 선율과 분위기만으로도 가슴 깊이 파고드는 감동이 있다.

이렇듯 타고르는 문학과 음악 그리고 그의 사상을 통해 방글라데시에 많은 영향을 미쳤다. 그래서인지 이 가난한 나라에 의외로 문학과 예술에 관심이 있는 사람이 많다. 심각한 교통체증에 차가 막혀서 멍하니 차창 밖을 내다보고 있노라면 책을 사라고 손짓하는 이들을 종종 만난다. 지금 당장은 먹고살기도 바쁠 텐데 참 대단하다는 생각이 든다. 방글라데시인들은 타고르를 자랑스러워한다. 타고르의 작품 그 자체도 관심을 가져야 할 소중한 유산이지만 비즈니스를 하면서도 타고르를 주제로 현지 파트너들과 더 가까워질 수도 있으니 그에 대해 공부를 좀 더 해 두는 것도 좋을 것 같다.

8

종교,
세속주의와 근본주의 이슬람의 충돌

　방글라데시의 수도 다카 인근에는 500만 명이 모이는 대규모 이슬람 부흥회가 매년 개최된다. 이즈테마(Bishwa Ijtema)라는 행사로 전 세계 2번째 규모의 이슬람 종교 집회로 현지인뿐 아니라 해외 150개국에서 열열 신자들이 참가한다. 해가 갈수록 숫자가 늘어나 3일간의 이 행사를 한 번에 개최할 수 없어 연속 2주에 나누어 3일씩 개최하고 있다. 매년 1월에 개최되는데 이 기간 중에는 방글라데시 방문을 피해야 한다. 공항은 그야말로 인산인해고 공항을 오고 가는 길은 완전히 막혀서 차량 이동이 불가능할 정도다. 인근 지역에 거주하는 직원들은 출퇴근을 아예 포기하고 재택근무를 해야 한다.

　외국인들에게는 생소해 보일지 모르지만 이들에게는 특별한 의미를 지닌다. 1년에 한 번 이러한 모임을 통해 자신을 돌아보고 참회의 시간을 가진다. 그리고 고단한 삶의 무게와 영원할 수 없는 인간 존재의 불완전함에 대해 깊은 내면으로 신에게 다가가 위로를 받는다.

인간 개개인의 종교적인 심성은 이렇듯 순수해 보이지만 정치와 연계된 종교는 방글라데시 역사에서 수많은 갈등과 폭력을 불러왔다.

1971년 독립 후 최초의 헌법에는 세속주의를 천명했다. 즉 종교의 자유가 있다는 이야기다. 이슬람은 국교가 아니고 정치와 종교는 분리되었다. 아마도 당시 동파키스탄이었던 방글라데시의 독립을 피로써 응징하려 했던 이슬람 근본주의 파키스탄에 대한 거부감이 작용했을지도 모르겠다. 종교보다는 벵골 민족주의로 똘똘 뭉쳐 나라를 건국한 것이다.

현재 여당인 아와미 리그(Awami League) 정당이 집권했던 독립(1971년) 직후 몇 년간은 세속주의 성향이 강했다. 그러나 현 총리의 아버지인 초대 대통령이 시해되고 현재 야당(BNP) 당수의 남편이 대통령이 되고 나서 이슬람 과목이 학교에서 필수과목으로 정해졌다. 그리고 이후 제8차 헌법에는 "이슬람은 국교(state religion)이다."라고 명시되었다. 즉 독립 당시 세속주의 성향은 점차 흐려지고 점점 더 이슬람화되어 왔다.

그러나 최근 정치적인 측면에서는 이슬람 근본주의자들에 대한 철퇴가 내려졌다. 서파키스탄에 대항한 벵골 민족주의, 세속주의를 천명한 Awami League당이 배출한 현 정부는 2008년 집권 후 현재까지 정권을 유지하고 있는데 2013년에는 이슬람 근본주의 정당인 자맛(Jammat)당을 해산했다. 그리고 Jammat당 핵심인사들을 독립전쟁 당시 전범으로 규정해 독립 후 44년이 지난 2015년 사형을 집행했다. 이 Jammat당은 방글라데시 내 최대의 이슬람 근본주의 정당으로 독립 전 서파키스탄에 뿌리를 둔 파키스탄 Jammat당에서 유래했다. 이렇다 보니 방글라데시의 독립을 반대하고 벵골 민족주의를 탄압했다.

이제 Jammat당은 없어지고 방글라데시에는 현 정부가 속한 Awami League와 야당인 민족주의당(BNP) 2개 정당이 주류를 이루고 있다. 여당인 Awami League는 처음부터 세속주의를 내세웠고 야당인 BNP는 늘 이슬람 근본주의에 기대는 모습을 보이면서 Jammat당과 연정을 이어 왔다. 이 두 당의 당수는 여성이다. 현 총리는 초대 대통령이었던 아버지를 총탄에 보냈고 야당 당수는 대통령이었던 남편을 정적에게 잃었다. 이렇게 방글라데시는 독립 후 지난 반세기 동안 종교적인 갈등과 개인적인 원한, 정치적인 대립으로 몸살을 앓아 왔다.

그런데 방글라데시에 살고 있는 외국인들은 방글라데시가 어느 정도 종교적으로 세속주의를 지향하고 있다고 느낄까? 필자는 이슬람이 국교인 쿠웨이트에서도 근무를 했었다. 이곳 방글라데시는 중동 국가들과는 달리 종교적으로 매우 자유로운 분위기라고 느껴진다. 이슬람뿐 아니라 불교, 힌두교, 기독교 기념일이나 행사도 자유롭게 개최한다. 가끔 정부 공식행사에 앞서 이슬람 지도자가 기도를 하는 경우를 보는데 어떤 때는 이슬람 지도자 이맘(Imam)뿐 아니라 힌두교 구루(Guru), 불교 스님, 천주교 사제까지 4대 종교 지도자들이 차례대로 각자의 방식에 따라 기도를 하는 모습도 있어서 참 신기하게 느껴졌다.

방글라데시는 비록 세속주의를 표방하고 있지만 이슬람 인구가 전체의 90%에 육박하고 소수지만 이슬람 근본주의자들이 목소리를 높이고 있는 것도 사실이다.

2016년에는 이슬람 극단주의자들에 의한 테러가 발생해서 외국인 21명이 살해되기도 했다. 대부분 이탈리아와 일본인이었다. 범인들은 식당에서 손님들을 인질로 잡고 코란을 외우게 해서 외우지 못한 외국인만 처형했다. 이슬람 문화를 파괴하는 외국인에 대한 단죄를 주장하는 이슬람 극단주의자들의 소행이었다. 이후 정부에서는 테러와의 전쟁을 선포하여 그동안 대부분의 관련 단체를 소탕하고 최근까지 안정 상태를 유지하고 있다.

이러한 조직적인 대규모 테러 외에도 세속주의를 옹호하는 자국 블로거에 대한 개별 테러나 과도한 노출이나 이슬람의 가치를 손상시킨다고 간주되는 행위를 하는 외국 유학생이나 외국인에 대한 공격도 가끔 발생하고 있다.

그러나 현재 외국인으로서 방글라데시에서 활동하는 데 이러한 조직적인 테러나 공격의 위협을 달고 사는 것은 아니다. 지금은 실제 생활에서 전혀 느끼지 못할 정도로 안전하고 자유롭게 생활할 수가 있다. 방글라데시 경찰에 소속된 대테러 부대인 RAB(Rapid Action Battalion: 신속대응부대)의 역할도 대단한데 그동안 극단주의 단체의 해체와 테러 조직에 대한 지속적인 추적과 색출을 통해 조직적인 테러의 위협은 사라졌다고 할 수 있다. 그러나 개별적이고 우발적인 상황을 피하기 위해서라도 극단주의자들을 자극하는 말과 행동은 조심해야 한다.

9

군부, 막대한 이권

군에서 아이스크림 공장, 낙농업, 고급 호텔, 봉제업, 식품, 전기, 부동산 개발, 시멘트 공장, 여행업까지 하는 나라는 흔하지 않을 것이다. 그리고 항만청장, 산업단지관리청장 등 주요 인프라와 국가자산을 관리하는 수장을 군인에게 맡기는 경우는 거의 없을 것이다. 방글라데시군의 이야기다.

방글라데시군은 독립 후 일찌감치 쿠데타로 집권한 전력이 있다. 이후 권력이 민간으로 이양되었지만 민간 정당들이 서로 다투느라 국민은 궁핍하고 나라의 안위도 보장되지 않았다. 이러한 상황에서 군은 영토와 주권 수호 이외에 국내 정세 안정의 최후의 보루라는 역할과 명분으로 정치와 각종 이권에 개입하여 지금도 막강한 영향력을 행사하고 있다.

지난 반세기 동안 15년 이상을 군이 집권하였으며 특히 선거를 앞두고 정당간의 대립이 격하여 나라가 극심한 혼란에 빠질 때는 여지없이 군이 재등장하는 과정을 거쳤다. 그중에 가장 대표적인 사건이 2007년 군부 쿠데타 및 비상계엄인데 혼란한 국내 정치 상황을 군이 관리해서 무사히 선거를 치르도록 했다. 이렇게 탄생한 정부가 지금의 집권당(아와미 리그: Awami League)이다. 그리고 이 Awami League는 그동안 2번의 후속 선거에서도 승리하여 지금까지 정권을 이어 오고 있다. 군은 이렇게 과도 정부를 이끌다가 민선 정부에 정권을 넘겨주고 거기에 합당한 이권과 정치적인 영향력을 확보했다.

지금도 국가기관이나 국영기업의 수장을 군 장성이 차지하고 있는 경우를 자주 보게 된다. 대표적으로 수출가공공단(EPZ) 회장을 예로 들 수 있다. 수출의 80% 이상을 차지하고 있는 봉제업의 총 본산이 수출가공공단이다. 국가의 가장 큰 수입원인 셈이다. 그리고 주요 항만청장, 의약품 허가를 책임지고 있는 의약품 관리청장 등 곳곳에 군의 영향력이 아직도 남아 있다.

또한 발전소, 도로, 가스관 등 국가 주요 인프라 프로젝트 공사도 군에서 발주를 하는 경우가 있다. 보통의 다른 나라에서는 흔치 않은 경우인데 다른 부처 공무원들의 설명은 이렇다. "도로와 같이 토지 수용이나 철거 등 복잡한 사회문제가 연계되어 있을 경우 군이 나서면 보다 신속하게 해결할 수 있다. 그리고 가스관과 같이 국가 전략 인프라는 국가 안보 차원에서 군이 정부를 대신해 발주하고 관리하는 것이 안전하다." 그만큼 군의 영향력이 아직도 막강하다는 점은 분명하다.

이렇다 보니 방글라데시에 투자나 수출에 관심이 있는 경우라면 종종 이렇게 군과 연계된 상황을 맞을 수 있다. 군에서 발주하는 입찰에 참여하거나, 각종 인허가 문제로 관련 관청을 방문하거나, 군에서 발주하는 인프라 프로젝트 공사에 참여하는 경우도 있을 것이다. 혹은 전국에 막대한 토지를 보유하고 있는 군으로부터 부동산 개발이나 신도시 개발과 같은 제안을 받을 수도 있다. 실제로 다 일어나고 있는 일이다.

이런 경우에는 방글라데시의 이러한 특수한 상황과 군에 대한 이해가 선행되어야 예상치 못한 시행착오를 방지하고 사업을 성공적으로 수행할 수 있다. 특히 위에서 열거한 군 관련 사업에는 퇴역군인이 주축이 되는 브로커 혹은 에이전트가 반드시 끼이게 된다. 현재 입찰 시스템도 그렇게 되어 있어 이들을 배제하고 입찰에 참여하거나 사업을 하기는 사실상 불가능하다. 특히 몇 백 년을 사·농·공·상 사상에 젖어 있던 우리나라 정서에서 '상(商)'에 해당하는 에이전트라는 단어는 브로커라는 이미지로 연결되어 부정적으로 인식되는 경우가 있다. 실제로 실체도 없거나 가능성도 없는 사업을 가지고 접근하는 브로커도 많다. 이들을 걸러 내고 실질적으로 일이 진행되게 할 수 있는 현지 에이전트를 찾는 것이 그만큼 중요한 성공의 열쇠다.

10

가난의 굴레, '철 까마귀의 날들'

2009년 KBS는 〈인간의 땅 5부작〉을 방영했다. 주로 아시아의 가난한 나라 사람들의 고통과 희망을 주제로 방글라데시와 아프가니스탄, 아르메니아, 미얀마, 네팔 등을 다루었다.

이 중 제2부가 2009년 7월에 방영되었는데 방글라데시 제2의 도시 치타공(Chittagong) 갯벌에서 살아가는 폐선박 해체공들의 애환을 다룬 것으로 제목이 〈철 까마귀의 날들〉이다.

가족을 위해 하루 2달러에 생명을 담보로 매일 사투를 벌이는 벨랄(21세)이라는 청년과 그의 동료들의 삶을 그린 다큐멘터리다. 벨랄은 이미 결혼을 했고 딸도 있으니 아버지라고 해야겠다. 그는 가난한 북쪽 지방에서 벵골만 최대의 항구도시 치타공으로 일을 하러 왔다. 결혼한 지 얼마 되지 않았다. 할머니가 데려온 아내를 처음 보았을 때 너무 예뻐서 놀

랐단다. 그런데 얼마 전에 딸을 낳았다는 소식을 전해 들었는데 아이가 앞을 보지 못한다. 매일 고된 노동에도 가족 걱정뿐이다. 가난한 집안 살림 때문에 임신 중인 아내가 제대로 먹지 못해 아이가 그렇게 되었다고 자책한다. 한 푼이라도 더 벌어서 멀리 있는 가족에게 보내야 한다.

폐선박 해체 작업은 위험하기 짝이 없다. 이 지역에서 매년 20명 이상이 죽어 나가는데 알려지지 않은 건도 많다고 한다. 다큐멘터리 영상에서도 실제로 벨랄이 죽을 뻔한 장면이 찍혔을 정도로 위험은 곳곳에 도사리고 있다. 가스 절단기 불꽃에 집중하는 벨랄 머리 위로 무거운 철재 구조물이 무너져 내리는 장면인데 보는 이도 아찔한데 본인은 얼마나 놀랐을까?

아기의 출생 소식을 듣고도 가보지 못한 벨랄은 한 달 후 3일이 걸리는 고향 길에 오른다. 보고 싶은 가족과 동생들 그리고 부모님을 생각하며 얼굴엔 웃음이 가득하다. 도착해서 제일 먼저 아기를 안아 본다. 한없는 눈물이 앞을 가린다.

며칠을 고향에서 보낸 벨랄은 떨어지지 않는 발길을 돌려 다시 일터로 돌아온다. 긴 여정을 끝내고 피곤한 몸으로 잠자리에 누웠지만 마음은 아직 고향에 있고 어둠속에 보이지 않는 눈물이 베개를 적신다. 그래도 내일 해가 뜨면 다시 가스 절단기를 들고 괴물과 싸우러 나가야 한다. 가족을 위해!

스토리는 대충 이런 것인데 가난한 나라의 21살 밖에 되지 않은 젊은 아빠의 삶의 무게가 수천 톤 쇳덩이처럼 가슴을 눌러 온다. 이 작품은 박봉남 PD(당시 44세)가 제작한 것으로 그해 유명한 암스테르담 영화제(IDFA)에서 한국 방송 사상 처음으로 대상을 수상했다.

영화제 출품작의 이름은 〈Iron Crow〉(철 까마귀)다. 선박 해체소 주위의 까마귀들은 철사를 주워 둥지를 틀고 알을 낳는다. 태어난 아기 새는 철사에서 온기를 찾아야 한다. 풀 한 포기, 나뭇가지 하나 없는 그야말로 황량한 곳이다. 이곳은 또한 배들의 무덤이다. 화려한 진수식을 시작으로 전 세계를 누비다가 수명이 다하면 이곳 치타공 앞바다에 도착해서 마지막 있는 힘을 다해 엔진이 터져라 속력을 내어 최대한 갯벌 위쪽까지 밀고 올라온다. 그리곤 심장이 멈추고 선체는 산산이 조각난다. 까마귀는 폐선박을 끌어올리다가 끊어진 쇠줄에서 철사를 얻는다. 그 흔한 타워 크레인 하나 없이 쇠줄과 간단한 동력장치만으로 육중한 쇳덩이를 당기니 언제 쇠줄이 터져서 생명을 앗아 갈지 모른다. 배도, 사람도 까마귀도 여기서는 이런 신세다.

유튜브에 검색하면 쉽게 볼 수 있으니 추천한다. 이제 12년이나 지났으니 그 벨랄은 어디서 무엇을 하고 있을까? 그리고 벨랄이 일했던 그곳은 어떻게 변했을까?

다음 표에서 볼 수 있듯이 2009년 촬영 당시 방글라데시의 1인당 국민소득은 겨우 700불 수준이었다. 2009년이면 현 정부가 집권한 이듬해다. 현 정부 집권 이후 급속한 경제발전으로 소득은 가파르게 상승하여 2020

년에 2,000불을 넘어섰다. 벨랄은 만나지 못했지만 그의 삶도 이처럼 좋아졌기를 진심으로 바란다. 소득의 상승각도와 지속력을 보니 앞으로도 더 나아질 것 같다.

〈촬영 당시(2009년) 이후 방글라데시 국민 소득 증가 추이〉 (자료: 세계은행(World Bank))

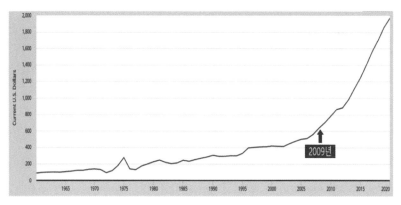

그리고 그가 일했던 곳은 이제 안전한 현대식 야드로 재탄생했다. 아래 사진에서 볼 수 있듯이 당시에는 크레인 하나 없던 위험한 작업장이 이제는 국제적인 기준에 맞는 일터로 탈바꿈했다.

〈선박 해체 야드의 현대식 모습〉 (자료: PHP사)

2009년 당시 yard   2020년 현대식 yard

포스트 차이나, 방글라데시가 깨어난다

당시 촬영지였던 곳은 PHP Ship Breaking & Recycling Industries사로 치타공 지역의 30개 선박 해체소 중 유일하게 촬영을 허락했던 곳이라고 한다. 가장 나은 곳이었을 것이다. 당시 영상을 보면 이곳도 우리가 보기에는 위의 사진처럼 위험하고 허술하기 짝이 없었다. 그러나 이후 PHP사는 근로 환경을 개선하고 작업장에 대한 ISO 인증과 ClassNK라는 국제적인 환경·안전 인증을 방글라데시 최초로 획득하는 등 발전에 발전을 거듭했다. 참고로 PHP사는 방글라데시 내에서 우리나라 포스코 철강을 가장 많이 수입하고 있으며 부회장(Mr. Mohammed Mohsin)은 수년 전부터 대한민국 명예영사로 활동하는 등 한국과의 인연을 소중히 이어 가고 있다.

제2장

가난에서 탈출하기,
기업이 살아난다

1

역사상 가장 큰 다국적 기업,
동인도 회사

영국은 인도를 거의 200년간 식민지로 지배했다. 1757년 영국의 동인도 회사(The East India Company)가 인도 무굴제국에 속해 있던 벵골 지방[1]의 플라시 전투에서 승리하면서 사실상 영국의 인도 지배는 시작되었다.

이후 정확히 100년 후 1857년 동인도 회사가 고용했던 인도 용병인 세포이들의 반란이 일어난다. '세포이 반란'으로 해체되기까지, 식민지 초기 100년 동안 동인도 회사는 이 벵골 지방을 중심으로 인도 전역과, 동남아, 중국, 홍콩 등지로 사세를 확장하며 전 세계 무역의 절반을 차지할 정도로 역사상 가장 거대한 다국적 기업으로 성장했다. 지금의 GE, 마이크로소프트, 아마존, 구글 등도 당시 동인도 회사의 위상에는 미치지 못한다. 자신들이 고용한 자체 군대만 해도 영국 정부군의 2배에 달했고 인

---

1) 지금의 방글라데시(동벵골)와 인도의 서벵골을 포함하는 지역으로 주로 벵골어를 사용한다.

도에서 영국 정부를 대신해 행정, 사법권까지 행사하였다.

동인도 회사가 가장 큰 이득을 취한 장사가 아편 무역이다. 아편은 주로 벵골 지방에서 재배되었다. 당시 중국이 영국에 수출한 제품은 90% 이상이 마시는 차(tea)였다. 영국인들이 차를 얼마나 좋아하는지는 널리 알려진 사실이다. 그 유명한 '잉글리시 브랙퍼스트 티(English Breakfast Tea)'도 영국인이 좋아하는 홍차다. 영국은 초기에는 중국에 면직물을 수출했다. 조악한 면직물로 차를 상대하기는 힘들었다. 무역 적자는 갈수록 커졌다. 오랫동안 전 세계 최고의 명품은 비단이었다. 오죽하면 동서양 무역항로를 실크로드라고 했을까? 중국에서 히말라야 고산준령을 넘어온 비단은 로마에서 수백 배로 값이 뛰어 금보다 귀한 대접을 받기도 했으니 말이다. 영국의 면직물은 중국에 명함도 못 내밀 지경이었다.

이러한 무역 적자를 만회하기 위해 영국은 특단의 대책을 세워야 했다. 그것이 아편이었다. 영국은 중국에서 가까운 식민지 벵골 지방에서 아편을 생산하여 중국에 수출했다. 벵골 지방의 겐지스강 주변은 당시 최대의 곡창 지대로 Golden Bengal로 불렸다. 그러나 아편이 재배되면서 수익성이 없는 쌀농사는 줄어들고 농업은 황폐화되고 대기근 때는 수많은 사람들이 굶어 죽는 사태까지 발생했다. 그래도 영국의 식민지를 통한 아편 비즈니스는 브레이크 없는 기관차와 같이 속도를 내었다.

당시 청나라 중국은 아편에 쉽게 빠져들었다. 일반 백성에서 관리, 군인 급기야 황실까지 아편이 퍼져서 중국 전체가 해롱거리기 시작했다.

처음에는 고된 노동의 고통을 잠시 잊기 위해 시작했다. 동인도 회사 상인들은 건강 보조식품이라고까지 선전했다. 한번 빠져들기 시작한 아편은 끊을 수가 없었다. 마치 껌을 사서 씹듯이 쉽게 아편을 즐겼다.

아편은 양귀비꽃 열매에 상처를 내어 그 진액을 응고시킨 것이다. 아편의 붉은 꽃이 당나라 양귀비처럼 아름답다고 그렇게 불렀다. 천 년 전 양귀비의 붉은 입술과 사치로 당나라가 망했고 이제는 양귀비 열매로 만든 아편에 청나라가 찌들어 가고 있었다.

차와 아편, 이 두 가지 이질적인 상품은 묘한 비교와 대립의 상징이기도 한데 양국 간의 무역거래에 있어서는 그 야만성을 여지없이 드러냈다. '잉글리시 브랙퍼스트 티'라고 했던가? 영혼을 깨우는 차와 인간을 황폐화시키는 아편, 이 둘은 당시 동서양을 대표하던 중국과 영국의 양대 주력 수출품이었다. 악마의 승리라고나 할까? 끊을 수 없는 마약의 수렁에 빠진 중국인들은 막대한 비용을 영국 상인들에게 지불할 수밖에 없었다. 막대한 차 수입으로 발생한 영국의 천문학적인 대중국 무역 적자는 아편 무역 한 방으로 간단하게 영국의 KO 승으로 끝나 버렸다. 아이러니하다.

급기야 아편으로 인한 사회문제와 국부 유출에 눈을 뜬 중국은 아편 무역에 대해 제재를 가하고 당시 중국에서 유일한 개항지였던 광저우에서 영국 상인들을 추방하고 아편을 몰수하고 폐기하기 시작했다. 이렇게 쫓겨난 영국 상인들은 일단 홍콩으로 물러나 터를 잡기 시작했다. 동인도 회사는 청나라의 이러한 조치에 항의하여 영국 본국에 지원을 요청하여 군대가 급파되고 1840년 아편 전쟁이 발발한다.

영국은 초기에 본국에서 대포를 장착한 전함 20척과 군인 4,000명을 보냈다. 반면 청나라는 오래된 재래식 범선으로 싸웠고 제대로 된 현대식 무기도 없었다. 광저우에서 시작된 전쟁은 이후 영국이 병력을 1만 명으로 늘리고 거침없이 청나라를 몰아붙여 상해를 거쳐 난징까지 점령하였다. 이러다가는 내륙으로 북경까지 함락될 처지였다. 결국 청나라는 더 이상 버틸 수 없어 손을 들고 영국은 이 전쟁에서 승리하여 일단 난징에서 1842년 조약을 체결하였다. 이것이 그 유명한 중국의 굴욕적인 '난징 조약'이다. 이 조약으로 영국은 엄청난 전쟁 배상금과 영국 상인들이 대기하고 있던 홍콩까지 차지한다. 그리고 중국은 유일한 개항지였던 광저우를 포함해서 상하이 등 추가로 4개 항구를 개방하였다.

이후 서구 열강의 중국 침략은 가속화되었으며 영국에 이어 프랑스, 미국까지 가세하여 자신들에게 유리한 통상 조약을 강요하면서 중국 내륙 깊숙이 세력을 확장해 갔다. 이러한 일련의 과정의 절정은 1860년 베이징 조약으로 일단락된다. 청나라의 황제가 있는 수도 베이징만은 지키려고 했으나 아편 전쟁 발발 후 20년 만에 중국 최남단 유일한 개항지였던 광저우에서 시작하여 결국은 수도 베이징까지 무너지고 자신들의 안방에서 서구 열강들과 굴욕적인 통상 조약을 체결할 수밖에 없었다.

아편 전쟁을 계기로 중국은 그저 종이호랑이에 불과하다는 사실이 밝

혀졌으며 세계 질서는 그동안의 중국 중심에서 구미 중심으로 바뀌었다. 동서양의 역전이라는 역사적인 대전환의 배경에는 동인도 회사가 있었다. 영국 정부는 동인도 회사를 통해 그들의 자본을 조직화하고 국제무역에 있어 이 회사에 독점적인 지위를 부여하였다. 동인도 회사의 인도 식민지 총 본산이 당시 벵골 지방의 한 도시였던 지금의 콜카타다.

지금도 인도에 속해 있는 서뱅골주의 수도는 콜카타다. 그리고 동벵골에 해당하는 방글라데시의 수도는 다카다. 영국의 인도 식민지 당시에는 다카의 영향력이 지금보다 더 넓은 지역에 미쳤다. 지금의 방글라데시 전역과 인도 동북부의 아삼(Assam) 지방과 티베트를 경계로 하는 북서 벵골 지방까지 아우르는 광대한 지역의 중심이 지금의 방글라데시 수도 다카였다. 그 이전으로 거슬러 올라가자면 인도 무굴제국의 벵골 지방을 통틀어 그 중심이 다카였다.

동인도 회사가 콜카타에 본부를 정식으로 설립한 1690년 이전부터 다카와 인근 소나르가온(Sonargaon) 지역에는 동인도 회사가 세운 면직물 공장이 있었다. 다카와 인근은 인도 식민지 시절 최대의 면화 생산지였다. 그리고 현재 방글라데시 북동쪽에 위치하고 전국에서 4번째로 큰 도시인 실렛(Sylhet)에는 동인도 회사가 처음으로 1857년에 상업적 차(tea) 플랜테이션을 시작하였다. 많은 방글라데시인들이 당시 영국의 동인도 회사에 소속되어 일을 했다. 그래서 그런지 지금도 방글라데시의 비즈니스 스타일은 동양적이라기보다는 서구적이다. 물론 영어도 잘하지만 생각 자체가 서구식에 맞추어져 있다. 그동안 보고 배운 것이 있었으리라.

가끔 역사는 참으로 모순되고 아이러니다. 수천 년 동서양의 무역질서 더 나아가 정치적인 파워게임까지 역전시켜 버린 것이 지금의 반도체나 전기차 같은 인류 문명의 이기(利器)가 아니고 아편이었다니 말이다. 지금도 중국과 서양을 대표할 수 있다고 볼 수 있는 미국은 무역 전쟁을 하고 있다. 동서양을 대표하는 거대 세력의 그 당시 아편 전쟁은 아직도 끝나지 않았다. 그리고 지구상의 이러한 경쟁과 전쟁의 역사에 단지 그들만 있었던 것이 아니다. 이러한 과정에서 우리는 과거 200년을 어떻게 헤쳐 나왔을까?

이 시기 조선은 8살에 왕위에 오른 헌종 치세에 있었으며 풍양 조씨와 안동 김씨의 세도정치로 삼정이 문란하고 국정이 혼란하여 백성들의 생활고는 날이 갈수록 심해졌다. 대외적으로는 사대 국가 중국의 상황에 충격을 받아 개화파와 위정척사파 등으로 갈라져 나름대로 살길을 모색했다. 그러나 수백 년 이어져 온 유교사상은 하루아침에 바뀌지 않았다. '옳은 것은 유교적 도덕, 윤리요. 외국에서 들어오는 상업과 공업은 배척해야 할 사악한 것'이라는 위정척사파가 우세하여 쇄국 정책 아래 근대화의 기회는 사라져 가고 있었다.

비슷한 시기 1853년 일본에는 미국의 페리제독이 도착하여 통상을 요구하여 결국 일본은 미국과 불평등 통상 조약을 체결하였다. 이후 1868년 메이지 유신을 통해 서양 문물을 적극 받아들이고 근대국가로의 변신을 도모하였다. 일본은 이렇게 힘을 키워 미국한테 당한 그대로 조선에 써먹는데 이후 조선에 불평등 조약을 강요하고 급기야 식민 지배와 세계

전쟁까지 벌이는 무모함을 보인다. 당시 미국은 1860년 링컨이 대통령에 당선되고 1861년부터 1865년까지 노예제도 폐지를 둘러싸고 남북전쟁을 치르고 있었다. 결국 링컨의 북부군의 승리로 노예제는 폐지되고 남과 북이 하나 되어 국가 재건을 가속화하고 있던 시기였다. 에디슨이 전구를 비롯한 각종 발명품을 내놓은 시기가 1874년부터 였으며 벨이 전화기를 발명한 해가 1878년이니 동양과 서양은 이렇게 혼돈의 시기에 나름대로의 생존과 번영을 위해 각자의 길을 재촉하고 있었다.

100년 전, 200년 전 일들을 설명하자니 너무 담담하게 이야기한 것 같다. 그러나 오늘이라고 뭔가 크게 달라진 것이 있을까? 이 땅에 사람이 살고 나라가 생긴 이상 변하지 않을 것이다. 그저 일상에서 잘 느끼지 못하고 있을 뿐이다. 지금도 벌어지고 있는 미국과 중국의 무역 전쟁도 그렇지 않은가? 그리고 지금도 중국과 일본은 방글라데시에 천문학적인 금액의 차관을 제공하고 있다. 2016년 시진핑 주석이 방글라데시를 방문하여 230억 불의 차관을 약속하고 실행에 옮기는 중인데 2020년 5월 코로나가 극성을 부리는 와중에도 이 중 110억 불의 투자처를 확정했다. 일본도 지금까지 제공한 차관만도 120억 불이다. 2020년 8월에는 아베 총리와 하시나 총리의 25분 전화 통화에서 방글라데시의 코로나 상황 극복 지원을 위해 일본 정부가 3억 3천만 불을 무상으로 지원하겠다고 약속했다.

이 나라들이 다른 나라보다 더 인도주의적 입장에 있다고는 생각하지 않을 것이다. 이러한 차관이나 무상지원도 결국은 해당 국가에 자신들의 경제적 혹은 다른 목적의 영향력을 강화하기 위한 수단일 수 있다. 지난날 서구 제국주의의 발톱에 갈기갈기 찢겼던 중국도, 아시아에서 일찍이 서양 문물을 받아들여 신제국주의의 장본인이었던 일본도 지금 제국주의라는 이름은 안 붙였지만 자국의 이익을 위해 끊임없이 움직이고 있다. 인간 개인은 말할 것도 없고 나라도 결국 유기체적 조직을 가지고 생명을 이어 간다. 263년 전 영국의 동인도 회사가 벵골 지방에 첫발을 내디딘 후 수천 년 유지되어 온 동서양의 질서가 뒤바뀌고 새로운 시대가 열렸다. 그렇다고 인류의 역사가 거기서 멈춘 것은 아니었다. 지금도 역사는 흐르고 나라의 흥망성쇠는 진행형이다.

2

동인도 회사,
그들이 남긴 유산

근대 동서양의 치열한 무역 전쟁의 한가운데 아편이 있었다. 영국의 동인도 회사는 그 재배지로 벵골 지방을 이용했다. 이후 이곳에서의 아편 재배와 무역은 국제적인 비난과 영국 내부에서의 자체적인 압박으로 1937년이 되어 완전히 폐지되었다. 1773년부터 시작된 아편 무역은 165년이라는 긴 세월을 이어 왔으며 이 부도덕한 무역이 해가 지지 않는 대영제국을 일으켜 세운 하나의 수단이 되었다니 지금 생각하면 너무나 어처구니없는 역사의 한 장면이기도 하다.

당시 온 사방천지를 붉게 물들였던 양귀비꽃, 아편 농장은 사라지고 이제 가을이 되면 노란 겨자꽃이 장관을 이룬다. 인도, 방글라데시, 파키스탄 등지에서 겨자기름이 요리에 주로 사용된다. 이제 영국도 떠나고 이들 나라들은 각자 독립하여 자기 살길을 재촉하고 있다. 방글라데시는 1947년 당시 파키스탄(동파키스탄)의 이름으로 영국으로부터 독립한다.

그리고 인도, 파키스탄(서파키스탄)에 비해 또 한 번의 시련을 거쳐 1971년이 되어서야 파키스탄으로부터 독립하여 드디어 방글라데시라는 자신의 이름으로 나라를 세운다.

방글라데시는 '벵골인의 땅'이라는 뜻이다. 영국이 동인도 회사를 앞세워 서벵골의 중심인 콜카타를 인도 지배의 총 본산이자 동서양 무역의 중심지로 자리매김하기 전까지 벵골의 중심지는 콜카타가 아니라 동 벵골, 즉 지금의 방글라데시 수도인 다카였다.

콜카타는 역사상 가장 거대한 다국적 기업인 동인도 회사 덕에 벵골의 중심 다카도 제치고 당시 런던 다음가는 대영제국의 제2의 도시로 부상하였다. 콜카타는 국제적인 상업도시로 발전하였다. 영국은 콜카타에 영어를 보급하고 대학을 설립하는 등 그들의 국제 비즈니스를 지원해 줄 인력 양성에도 힘썼다. 기존 힌두 문학에 영문학이 접목되고 동서양의 문화가 만나 새로운 꽃을 피우기 시작했다. 일명 '벵골 르네상스'라고도 불리 운다.

많은 지식인들도 배출되었는데 대표적인 인물이 타고르(Rabindranath Tagore)다. 우리에게는 일제 식민지 당시 한국을 '동방의 등불'이라고 칭송한 것으로 더 잘 알려져 있다. 그는 벵골어로 문학을 했다. 아시아 최초의 노벨 문학상 수상자다. 이러한 지식인들의 부상은 결국 반식민주의, 반제국주의, 민족주의에 불을 붙여 벵골 지방은 대영제국에 오히려 위협이 되고 말았다. 이러한 과정을 거쳐 1900년대 초반부터 영국은 콜카타에서 행정 기능을 서서히 델리로 옮기기 시작했다. 결국 지금 우리가 알고 있는 '뉴델리(New Delhi)'는 이렇게 탄생한 것이다. 이후 자본주의 영국이 물러간 콜카타는 퇴락하기 시작했으며 빈민가는 늘어 가고 가난과 불평등에 지식인들의 오기가 더해져 인도 공산주의의 총 본산이 되었다. 인도 중앙정부와 협조도 잘되지 않고 과거 '벵골 르네상스'의 자부심도 사라진 지 오래다.

지금에 와서 오히려 벵골 민족의 정체성을 그대로 간직한 곳은 콜카타가 아니라 방글라데시의 수도 다카다. 한 민족의 정체성을 이야기할 때 언어를 빼놓고는 논할 수 없을 것이다. 인도인들이 대영제국과도 바꾸지 않겠다고 할 정도로 아끼는 타고르(Tagore)도 벵골인이었고 벵골어로 문학을 했다. 방글라데시 국가도 그가 작곡하였다. 방글라데시가 파키스탄으로부터 독립할 때도 여러 가지 차별 정책이 있었지만 무엇보다도 파키스탄이 벵골어를 무시하고 자신들의 언어인 우르두어를 강요했기 때문이다. 300만 명의 목숨을 대가로 치르고 자신들의 언어를 지키고 독립을 쟁취했다.

매년 2월 21일은 국경일로 '언어 수호의 날'이다. 우리나라의 3·1절 같은 그야말로 민족정신 수호의 날이다. 방글라데시 내에서도 가장 의미 있는 기념일로 간주되며 2000년부터 유네스코는 이날을 '세계 모어의 날(International Mother Language Day)'로 지정하여 전 세계적으로 기념하고 있는데 이는 방글라데시의 모국어 수호 운동에 그 기원을 두고 있다.

이제 제국주의의 화신 영국은 떠났고, 같은 종교라는 이유로 도매금인 양 동파키스탄이라는 엉뚱한 이름으로 독립했다가 값비싼 대가를 치르고 '벵골인의 땅'이라는 이름으로 다시 태어난 방글라데시는 벵골인의 민족성과 정신문화의 진정한 전수자가 되었다.

수만 년 남북으로 벵골 만, 더 나아가 인도양과 히말라야가 만나고 동서로는 근대 동인도 회사의 진출로 영국과 인도가 만난 곳, 이후 영국이 중국과 남아시아 전체를 차지할 때 교두보 역할을 한 곳, 그곳이 이곳 벵골 지방이다.

자체적으로는 내세울 것 없는 역사다. 제국주의의 수탈에 이어 그동안 정치 불안과 부정부패로 아직까지는 가난의 굴레에서 벗어나지 못하고 있다. 그러나 벵골 민족의 정체성을 간직한 유일한 나라가 방글라데시다. 한 개인이나 나라가 발전하기 위해서 가장 중요한 요소가 정체성이 아닌가 싶다. 정체성은 뿌리다. 뿌리 없는 나무를 본 적이 있는가? 공장에서 만든 생명 없는 조화는 뿌리가 없다. 그래서 자라지도 않는다. 이제 오랜 세월 잠자던 벵골 민족의 꽃이 활짝 피기를 기대한다.

지난 반세기 동안 전 세계 거의 모든 나라가 발전에 발전을 거듭하면서 중진국, 선진국 대열에 진입했지만 방글라데시는 그동안 긴 잠에서 깨어나지 못하고 최빈국으로 남아 있었다. 그러나 이제 깨어나기 시작했다. 지난 10년 동안 한 해도 쉬지 않고 6% 이상의 경제성장을 이어 오다가 2019년에는 사상 최고 기록인 8.4%를 달성하여 전 세계에서 경제성장이 가장 빠른 나라로 주목받고 있다.

비즈니스 측면에서 특히 주목되는 것은 민간 기업들의 활약이나 수준이 상당하다는 점이다. 교육자 집안에서 교육자가 나오고 사업가 집안에서 사업가가 나오기 쉽다. 동인도 회사로 인한 수탈의 역사는 역설적으로 방글라데시인들에게 비즈니스 기질을 남겨 주었다. 지금 대기업 중에도 영국 식민지 시절부터 담배, 차 플랜테이션을 기반으로 성장한 기업들이 있다. 물론 선대에 아편 무역에 가담한 조상도 있을 것이다. 타고르의 할아버지도 동인도 회사와 함께한 아편 무역상이었다. 당시 이 작물들은 단순한 식용이 아니라 환가성 작물로 국제 상업 거래의 대표적인 상품으로 철저한 시장 원리, 자본주의의 메카니즘 속에서 재배된 것이다. 동인도 회사가 고용한 현지인을 조상으로 두었으니 그들이 자연스럽게 물려받은 사업 수완은 남다를 수밖에 없을 것이다. 영어도 그중에 하나다. 그래서 이들은 지금도 무역이나 국제 비즈니스에 거침이 없다.

여기서 한 가지 생각해 봐야 할 것은 글로벌 밸류체인의 변화 측면에서 중국과 베트남 그리고 방글라데시를 비교할 때 차이가 있다. 중국과 베트남은 우리와 같은 유교문화권이며 종교적으로도 수천 년 불교의 영향을 받은 바가 크다. 또한 인종적으로도 중국과 베트남은 우리와 가깝다고 볼 수 있다. 하지만 방글라데시는 인종적, 종교적으로 차이가 나고 영국의 식민 지배로 중국, 베트남보다는 서양식 사고에 더 익숙한 측면이 있다는 점을 간과해서는 안 된다. 이들과 사업을 할 때 유교적 사고방식이 통하지 않을 때가 있을 것이며, 우리가 예견치 못한 서양식 혹은 과거 동인도 회사의 지워지지 않은 모습이라도 보일 수가 있다.

　일례로 현지에 한-방글라데시 상공회의소가 운영 중인데 한국과 비즈니스를 하는 현지 기업인과 현지에 진출한 한인 기업이 주요 회원이다. 대부분의 회의는 현지인들을 중심으로 진행되는데 이들의 회의 진행 방식이나 회의록 작성 등은 매우 형식주의에 충실하며 절차적 정당성도 무척 까다롭게 따진다. 그리고 일반 관공서의 행정 처리나 기업 활동에 있어서도 문서주의, 형식주의, 서면주의가 지배적인데 때로는 이로 인해 일이 지연되거나 방해받기도 한다. 그러나 이러한 현지 실정을 피해 갈 수 없으니 좀 더 이해하고 적응해 가는 길이 최선이다.

3

대기업 열전(列傳),
생각보다 크다

한 나라 부의 척도를 나타내는 지표로 주로 국내 총생산(GDP)을 언급하는데 가난한 방글라데시의 GDP 순위는 의외로 높다. 2019년 IMF 통계 기준 전 세계 39위로 44위 베트남보다 높다. HSBC 은행은 방글라데시가 2030년에는 전 세계 26위로 부상할 것으로 전망하였다. GDP는 한 나라의 연간 생산된 재화와 서비스의 총액이라고 할 때 그 나라 경제 주역인 대기업의 역할을 무시할 수 없을 것이다. 우리나라도 GDP의 84%를 대기업이 차지하고 있다. 방글라데시의 경우 구체적인 통계는 찾을 수 없지만 현지 상황을 고려할 때 우리와 별반 차이가 없을 듯하다.

이들 중 일부는 영국으로부터 독립 후 담배, 차, 황마, 수산업 등 과거 영국의 동인도 회사가 개발한 상업용 작물과 지역 특산물을 위주로 초기 자본을 축적했다. 그리고 1971년 지금의 파키스탄(당시 서파키스탄)으로부터 독립 후 무역업, 부동산 개발 등으로 시작해서 다양한 산업군으로 확장해 나간 회사도 있다.

대부분의 기업들이 아직도 가족 경영 방식으로 운영되어 해당 기업의 매출액이나 자산 정도를 정확히 파악하기는 힘들다. 우리나라는 모든 대기업이 주식 시장에 상장 회사로 공개되어 있지만 방글라데시는 일부 대기업만 상장되어 공개되고 있을 뿐이다.

연간 10억 불 이상의 매출을 올리고 있다고 추정되는 주요 대기업을 살펴보면 다음과 같다.

우선 기업 공개가 어느 정도 되어 있는 그룹은 Beximco 그룹, Square 그룹, United 그룹이 대표적이다. Beximco 그룹은 파키스탄으로 독립하기 한 해 전인 1970년에 설립되어 섬유, 제약, 세라믹, IT 분야의 사업을 하고 있으며 특히 제약 분야에 두각을 타나내어 전 세계 45개국에 수출까지 하고 있다. 방글라데시 최초로 런던 증권거래소에 상장된 회사다. 다카 증권거래소에도 상장되어 있으며 자산 규모가 가장 큰 기업으로 알려지고 있다. 종업원은 6만 명이다. 현재 회장인 Mr. Salman Rahman은 민간 산업·투자 보좌관으로 총리를 보좌하면서 국가 산업 정책을 자문하고 각종 경제행사에 실질적으로 장관급 대우를 받으며 활동을 하고 있다.

Square 그룹은 1958년 작은 조제상으로 시작하여 지금까지 제약 분야를 중심으로 사업을 확장했으며 섬유, IT 분야에도 진출하였다. 제약, 보건, 의료 분야의 선두 기업이라고 할 수 있다. 1991년도에 기업을 공개하여 다카 증권거래소에 상장되어 있다.

공교롭게도 첫 번째 소개한 두 기업이 제약 분야의 대표 기업이다. 최빈국 방글라데시와 거리가 멀 것 같은 제약 산업을 기반으로 대기업의 반열에 올랐다는 것이 의아할 수도 있다.

방글라데시는 1971년 독립 후 대부분의 의약품을 수입에 의존해 왔으나 1982년 자국 제약 산업 보호 정책의 일환으로 의약품 관리령(Drug Control Ordinance)을 시행하여 외국 회사 제품을 거의 추방하다시피 했다. 인구 1억 7천만 명의 거대한 시장을 기반으로 제약 산업이 크게 성장하여 현재 200여 개의 제약 회사가 있다. 대부분 복제약(generic medicine)을 생산하며 일반 의약품 외에 인슐린, 호르몬제, 백신까지도 생산하여 일부는 수출도 하고 있다.

제약 산업의 분수령이 된 의약품 관리령이 시행된 1980년 초반, 즉 정확히 1982~1986년은 군부가 집권하던 시기다. 1971년 독립 후 10년간은 두 명의 국가 원수가 시해되는 등 극도의 사회 혼란기였다. 1982년 집권한 군부 정권은 사회 안정과 여러 가지 산업 정책도 시행하였는데 이후 방글라데시 산업발전의 초석을 다졌다는 점은 인정해야 한다. 국가 수출의 83%를 차지하는 섬유산업의 총 본산인 EPZ(수출가공공단)도 1983년에 최초 설립되었다. 앞서 설명한 두 대기업도 봉제 등 섬유산업을 기반으로 크게 성장하였으며 대부분의 대기업들이 섬유산업과 직간접적으로 연관이 되어 있다. 방글라데시는 중국에 이어 전 세계 2위의 의류 수출 국가다.

　공개된 기업 중 그다음은 United 그룹이다. 다카 증권거래소에서 자산 규모 1, 2위를 다투는 대기업이다. 방글라데시가 독립하던 해인 1971년 창업하여 섬유·봉제업을 하고 있으며 제약, 부동산, 발전 그리고 방글라데시에서 제일 큰 슈퍼마켓 체인점(Uni mart)을 운영하고 있다.

　그다음은 영국 식민지 시절까지 거슬러 올라가 상업 작물을 기반으로 성장한 두 회사를 살펴본다. 우선 Akij 그룹은 1941년 담배 사업을 기반으로 자산을 축적해 왔다. 2018년에는 담배회사를 일본의 JTI(Japan Tobaco International)에 15억 불에 매각하였다. 이 매각 대금으로 플라스틱산업 등 최근 방글라데시의 일반 소비재 내수 시장 확대를 겨냥해 발빠르게 신규 사업 확장에 나서고 있다. 이외에 섬유·봉제, 식음료, 건축자재 등을 사업 영역으로 하고 있다.

　Transcom 그룹은 영국 식민지 시절 환금 작물인 차 플랜테이션의 대규모 상업적 농업공장에까지 거슬러 올라간다. 그리고 1947년 독립 후에는 황마산업으로 사업을 다양화했다. 벵골 지방은 전 세계에서 황마 재배의 최적지로 손꼽힌다. 이렇게 전통적인 방식으로 자본을 축적하여 이후 식음료, 가전제품, 언론 등 다양한 분야로 진출하였다. 1983년, 기존의 Tea Holidings Ltd.에서 현재의 Transcom Ltd.로 회사 이름을 변경하였다. 시대에 맞게 옷을 갈아입고 변화에 발 빠르게 적용한 덕분에 Pizza Hut, KFC, Pepsi, Philips 등 세계적인 브랜드의 현지 대리점을 차지하고 최대

영자지 〈The Daily Star〉 신문사를 보유하고 있다. 우리나라 삼성전자의 현지 대리점 중 하나이기도 하다.

그다음은 부동산 개발과 쇼핑몰 사업으로 대기업 반열에 오른 회사를 살펴본다. 다카 시내에는 Bashundhara City Shopping Complex와 Jamuna Future Park라는 초대형 쇼핑몰이 두 개 있다. 이들은 영화관, 식당가, 테마파크, 각종 리테일숍, 브랜드숍 등을 포함한 대형 쇼핑몰로 경쟁 관계에 있다. 각각 1,500개 이상의 가게가 입점해 있을 정도로 대규모다.

Bashundhara 그룹은 대표적인 부동산 재벌이다. 다른 대기업에 비해 최근인 1987년에 창업하여 부동산 투자를 시작으로 사업을 확장해 나갔다. 현재는 부동산을 기반으로 펄프, 종이, 시멘트, LPG 충전소, 쇼핑센터, 컨벤션 센터, 신도시 개발 등을 하고 있다.

Jamuna 그룹은 Jamuna Future Park라는 방글라데시 최대 쇼핑몰을 운영하고 있다. 신문사, 방송사를 보유하고 있으며 섬유·봉제, 화학, 부동산 개발 등의 사업을 하고 있다.

방글라데시 인구는 1억 7천만 명이다. 이웃나라 미얀마, 라오스, 캄보디아 그리고 멀리 베트남까지 4개 나라 인구를 합쳐야 겨우 이 정도 규모가 된다. 가난하든 부자든 일상생활에서 먹고 마시고 하는 기본적인 생활 패턴은 비슷하다. 그래서 일반 소비재, 생활용품 시장은 인구 규모에 비례한다고 볼 수 있다. 방글라데시는 거대한 소비재 시장이다. 이를 기반으로 대기업 반열에 오른 기업들을 살펴보자.

우선 Meghna 그룹이 있다. 정확히는 Meghna Group of Industries다. 자동차, 섬유 · 봉제업을 하는 Meghna 그룹이라는 유사한 이름의 대기업이 따로 있다. 우리나라 KIA 자동차 현지 에이전트이기도 한 이 회사는 여기서 소개하는 Meghna 그룹과 별개의 회사다.

Meghna Group of Industries는 1976년 무역 및 도소매업으로 사업을 시작했다. 주로 식용유, 설탕, 우유, 종이, 시멘트 등 일반 소비재 위주로 사업을 하고 있다. 회장인 Mr. Mostafa Kamal은 물려받은 재산 없이 그 야말로 시장에서부터 자수성가한 사업가다. 현재 한-방글라데시 상공회의소(KBCCI) 회장이자 방글라데시 내에서 대한민국 명예영사로도 활동하고 있는데 대표적인 친한 인사이다. 현재는 발전소, 물류, 항공 등 다양한 분야로 사업을 확장해 가고 있다.

City 그룹도 일반 소비재 분야에 이름이 알려진 대기업이다. 독립 이듬해인 1972년 겨자씨 기름(Mustard oil)으로 사업을 시작했다. 겨자씨 기름은 방글라데시를 비롯한 인도, 파키스탄 등 서남아시아에서 식용유로 널리 쓰이고 있다. 이후 밀가루, 쌀을 거래하고 최근에 발전소, 부동산, 헬스케어 분야까지 사업을 확장하고 있다. 2018년에 쌀 도정공장을 완공했는데 독일산 설비를 갖추는 등 품질 고급화에도 신경을 쓰고 있다. 도정공장 설립 비용은 1억 불 규모로 알려질 정도이며 외국에서 곡물을 수입할 때는 자체 운반선을 운영할 정도로 거래 규모가 방글라데시 인구만큼이나 크다.

과일과 채소를 기반으로 성장한 기업도 있다. PRAN-RFL 그룹이다. PRAN은 Programme for Rural Advancement Nationally의 약자다. 회사 이름에서도 알 수 있듯이 농민들에게 적정 가격을 보장해 주고 농산물을 가공해서 식음료 제품을 생산·판매하는 회사다. 1981년에 설립되어 성공적인 사업 확장으로 1996년에는 PVC 계열사, 2015년에는 플라스틱 공장 등 지속적인 사세 확장을 하고 있는 기업이다. 그야말로 산업발달 단계에 맞추어 혹은 국가 산업을 선도적인 위치에서 이끌어 가는 모습을 볼 수 있다.

이처럼 방글라데시는 이전 농업 국가에서 점차 공업화가 급속히 진행되면서 여러 산업 분야에서 새로운 기회가 생겨나고 있다. 기업들은 앞다투어 자신들의 기존 사업과 연계하여 새로운 제조업 분야로 눈을 돌리고 있다. 1억 7천만 명을 먹여야 하는 농산물 분야도 마찬가지다. 새로운 시도가 이어지고 있는데 예를 들어 콜드체인(저온 유통체계)도 그중 하나다. 방글라데시는 아직 이러한 시스템이 갖추어지지 않아 많은 농수산물이 생산지로부터 최종 소비자에게 제대로 유통되지 못하고 있다. 유통된다고 해도 품질에 문제가 생기거나 이를 임시방편으로 해결하기 위해서는 가격 부담이 너무 높다. 결국 누군가는 전국 단위의 콜드체인망을 구축해야 한다. 이러한 분야에 투자하여 시장을 선점하는 기업이 나올 것이다. 사업 타당성 조사에 들어간 기업들도 있다. 단순히 콜드체인을 한 예로 들었지만 이들의 일상과 산업 현장에서 새롭게 떠오를 사업들이 얼마나 많겠는가?

그리고 최근 방글라데시의 가전 소비 시장의 급성장에 따라 사세를 크게 확장하고 있는 Walton사를 살펴봐야겠다. 1977년에 설립되어 초기에는 철강 사업을 하였으나 2000년대 이후 가전제품을 직접 생산하면서 발전한 회사다. 가전 기술이 일천하던 방글라데시에서 초기에는 태국의 냉장고 제조 중고 설비를 그대로 들여와서 냉장고를 생산하기 시작했다. 지금은 냉장고, TV, 핸드폰, 에어컨 등을 생산하는데 방글라데시에서 판매되는 냉장고의 80%, TV의 30%를 현지 브랜드로 자체 생산하고 있다.

최근 방글라데시의 소득 증가로 인한 중산층의 증가, 전력 보급률의 급격한 개선으로 가전제품에 대한 수요가 폭발적으로 증가하였으며 Walton사는 이러한 변화에 신속히 적응한 대표적인 기업이라고 할 수 있다. 말하자면 그동안 전기가 들어가지 않아 가전제품을 생각지도 못했던 사람도, 가난해서 결혼할 때 가전제품을 혼수로 장만할 꿈도 못 꾸던 사람도 이제 전기가 들어가고 소득이 증가하면서 새로운 세상을 살아가고 있으며 이러한 시장 수요를 과감히 사업에 반영한 결과이다.

그리고 우리나라와 가장 관계가 깊고 앞으로 성장 가능성이 아주 높은 기업으로 Fair 그룹을 소개한다. 이 기업은 1998년에 통신기기 무역업으로 시작하여 2016년부터 제조업에 뛰어들었다. 삼성전자의 에이전트로 방글라데시에 현지 조립공장을 준공하여 연간 삼성 갤럭시 핸드폰 200만 대를 생산하여 전국적인 자체 유통망과 다양한 네트워크를 통해 시장 점유율 1위를 고수하고 있다. 또한 냉장고, TV, 세탁기, 에어컨도 생산하고 있으며 2020년에는 현대자동차와 계약을 맺고 방글라데시 독점 에이전트가 되었다. 이제 자동차산업으로 사업 영역을 확장하면서 현지 조립공장 설립을 통한 한국산 자동차의 시장 점유율 확대를 꾀하고 있다.

이 외에도 식품 수입·유통, 패스트푸드 체인점을 운영하고 있으며 소형 전기자동차, 건설기계, IT 등 다양한 분야로 한국 기업과 협력을 하고 있으며 향후 건설 및 석유화학 분야 진출도 계획하고 있다. 자신들의 강점인 유통에 현지의 새로운 트렌드인 제조업을 결합시켜 급속히 시장 점유율을 확대해 가고 있는데 특히 한국의 1, 2위 기업인 삼성과 현대의 현지 대리점을 모두 차지한 사례는 세계적으로도 찾기 어렵다. Fair 그룹 회장 Mr. Mahbub은 코로나로 출장이 자유롭지 못한 와중에도 2021년 6월 한국의 산업 수도 울산을 방문하여 한국의 자동차 산업과 석유화학 산업에 큰 관심을 보이면서 벤치마킹을 통한 큰 그림을 그리고 돌아갔다.

〈Fair 그룹 회장 Mr. Mahbub, 울산 산업단지 관찰〉

포스트 차이나, 방글라데시가 깨어난다

이제 대기업 열전을 마무리하면서 강조하고 싶은 것은 방글라데시가 우리나라의 1970년대 상황과 비슷하다는 것이다. 시골에 전기가 들어가고 고속도로가 개통되어 가전제품이 필요하고 오토바이, 자동차를 갖고 싶어 하는 사람이 늘어나고 있다. 그동안 자본과 기술이 부족하여 대부분 수입에 의존하다가 이제 자체적인 공업화에 눈을 뜨기 시작했다. 기업마다 새로운 분야로 눈을 돌리고 제조업은 매년 급속한 성장을 지속하고 있다. 정부에서도 전국에 100개의 산업단지를 개발하고 있으며 대기업도 앞을 다투어 단지 개발과 공장 신·증축을 계획하고 있다.

중국에 이어 전 세계 2위의 의류 수출 국가라고는 하지만 방글라데시는 그동안 노동집약적인 봉제업을 빼고는 이렇다 할 제조업이 발달하지 못했다. 하지만 최근 경제성장 추세에 힘입어 민간 기업을 중심으로 자체적인 제조업이 급격히 발달하고 생필품을 비롯하여 가정용 가전제품과 첨단 핸드폰에 이르기까지 여러 분야에서 공장 설립이 늘어나고 있는 추세이다.

참고로 최근 제조업 성장 추세를 통계로 보면 다음과 같다.

〈방글라데시 GDP에서 산업별 비중〉

Table 2 Structure of GDP of Bangladesh (As Percentage of GDP at constant prices)

Sector	2011-12	2012-13	2013-14	2014-15	2015-16	2016-17	2017-18
Agriculture	17.38	16.77	16.50	16.00	15.35	14.74	14.23
Industry	28.08	29.00	29.55	30.42	31.54	32.42	33.66
Service	54.54	54.23	53.95	53.58	53.12	52.85	52.11

Source: Bangladesh Economic Review, 2018.

GDP에서 제조업이 차지하는 비중이 해마다 증가하고 있는데 농업과 서비스업이 정체 상태인 것과 대비된다.

우리나라 대기업 가전회사들도 현지 회사와 기술 제휴를 통해 시장 확대를 노리고 있다. 그리고 현지 기업들의 이러한 신규 공장 설립에 필요한 기계, 장비들에 대한 수요가 늘면서 한국산 설비에 대한 관심이 높다. 한국으로부터 기술이전 혹은 합작투자를 희망하는 경우도 많은데 중국, 일본, 유럽의 어느 나라보다 한국을 선호하는 경향이 있다. 이는 한국산 장비의 성능과 가격이 가장 본인들에게 적합하다고 판단하기 때문일 수도 있고 그동안 의류산업에서의 한국 기업과의 인연이 작용했을 수도 있다.

그러나 아직까지 이들의 기업 정서는 우리의 그것과 차이가 많이 난다. 또한 아직 방글라데시 대기업들의 기업 공개도 투명하게 되어 있지 않고 우리와 비즈니스 관행이나 인식 수준에서 많은 차이가 나는 만큼 합작투자나 비즈니스 파트너로 고려 시 보다 면밀한 기업조사와 평판 조회 등 세심한 준비과정이 필요하다.

4

세계 최대의 NGO,
방글라데시에 있는 이유

NGO(Non Governmental Organization)는 정부에 소속되지 않고 민간 차원에서 각종 사회 활동을 하는 단체다. 수많은 단체 중 세계 최대의 NGO는 방글라데시에 있다. 직원 수 10만 명, 수혜자 수 1억 명 이상이다. 전 세계 어느 단체도 따라올 수 없는 규모다. 이름은 브락(Brac: Bangladesh Rural Advancement Committee)이다. 이름에서도 알 수 있겠지만 가난한 농민 구제 활동에서 시작한 단체다. 방글라데시 독립전쟁 이듬해인 1972년에 설립되어 전국에 지부가 있고 아시아, 아프리카 등 다른 나라에도 11개 지부가 있다.

1971년 독립전쟁은 방글라데시에 엄청난 대가를 안겨 줬다. 사망자만 300만 명에 이웃나라 인도로 피난 간 사람이 600만 명, 강간 피해 여성도 20만 명 이상이나 되었다. 전쟁은 끝나고 피난민들이 돌아왔지만 고향 마을은 불타고 남은 것은 잿더미뿐이었다. 정부는 제대로 된 행정 능력을 발휘하지 못했고 정치는 불안했다. 이런 상황에서 민간단체에서 자발적으로 주택 재건과 어선 건조 사업 등을 지원하기 시작했다. 이것이 Brac의 초기 사업이었다.

Brac은 또 다른 빈민 구제 사업인 그라민 은행(Grameen Bank)의 마이크로 파이낸싱처럼 초기에 소액 대출 사업도 했다. 그라민 은행이 소액 대출 사업을 지속한 반면 Brac은 농어민들에게 실질적인 도움이 되는 식품가공, 판로 개척, 학교, 병원 등 다양한 분야로 사업을 확장했다. 대표적인 예로 전통 공예품 및 의류 판매점 Aarong을 전국 14개 매장에서 대규모로 운영하고 있다. 여기서 판매되는 제품은 가난한 시골 사람들이 만든 것이며 이를 통해 가난한 이들에게 일자리와 소득을 안겨 주고 Aarong도 판매 사업으로 수익을 거둔다. 디자인과 품질이 외국인에게도 어느 정도 인정받을 정도가 되어 현지에서 내외국인을 망라하여 자주 찾는 편이다.

1970년대 후반에 방글라데시 유아 사망률의 가장 큰 요인은 설사병이었다. Brac은 설사병 예방을 위한 처방으로 적정 비율의 소금과 설탕을 혼합하여 처방하는 교육을 전국 단위로 실시하여 이후 10년 동안 1,200만 명에게 교육 프로그램을 제공하는 등 유아 사망률 개선에도 크게 공헌하였다. 지금도 방글라데시의 설사병 연구소는 국제적으로 인정받는 중요한 기관이다.

이러한 명성에 힘입어 2000년대 이후에는 네덜란드, 영국 등 각국 정

포스트 차이나, 방글라데시가 깨어난다

부, 빌 게이츠 재단, 나이키 재단 등 국제적인 구호 단체로부터 거액의 기부도 받게 되면서 국제적으로 인지도가 높아지고 그 규모도 크게 성장하였다.

그러나 최근 Brac의 활동은 1970, 1980년대의 초기 사업에 비해 NGO로서 농민이나 일반 시민과 생활 속에서 같이 호흡하기보다는 기업화되었고 민간단체로서 자발적인 자생력을 잃은 단순 거대한 기구로 변했다는 비판도 받고 있다.

내외국 NGO가 우후죽순으로 늘어나다 보니 방글라데시 정부도 1990년에 총리실에 NGO Affairs Bureau를 개설하여 등록과 갱신업무를 통하여 관리와 통제를 시작하였다. 현재 2,500여 개의 NGO가 등록되어 있는데 외국 NGO는 240개 정도로 10%를 차지한다. NGO Affairs Bureau의 역할은 NGO 단체의 투명성과 공익성을 감시하고 지원하는 것이지만 NGO 특성상 권력 혹은 정부시책에 비판적인 입장에 서는 경우도 많은 만큼 반정부 단체에 대한 감시의 기능도 무시할 수 없다.

세계 최대의 NGO와 국내외 수많은 유사 단체가 빈곤 퇴치와 삶의 질을 개선하기 위해 수많은 노력을 해 왔다. 필자도 방글라데시에 근무하면서 외국 NGO 단체나 현지 자선단체들이 얼마나 헌신적으로 노력하는지를 보면서 이들에 대한 감사와 존경의 마음까지 들었다. 하지만 이들의 노력에도 불구하고 아직도 방글라데시 국민들의 삶의 질은 낮은 수준이고 갈 길은 멀다. 방글라데시 최초의 그리고 유일의 노벨상까지 안겨

준 그라민 은행(Grameen Bank)의 마이크로 파이낸싱 구제 사업도, 브락 (Brac)의 빈민 구호, 교육, 생활 개선 사업도 결국은 모두 한계가 있었다 는 것이다.

무엇이 문제란 말인가?

가장 중요한 요인은 수혜자들의 자발적인 동기 부여나 참여가 부족한 것을 꼽을 수 있을 것이다. 대부분의 구호 활동이 NGO로부터 수직적인 관계에서 수혜자에게 단순하고 일방적으로 전달되는 메카니즘을 가지고 있었다. 농민이나 도시 빈민 스스로 자신의 문제를 인식하고 개선하려는 자발적인 노력이 필요했으나 구호 단체들은 이러한 내부적인 자생력을 키워 주는 노력을 충분히 하지 못했다. 특정 수혜자들을 위한 임시방편에 지나지 않았고 보다 체계적이고 전국 단위의 장기 발전 전략이 부재했다.

거기다가 국제적으로 이름이 난 이후에는 국제사회나 정부로부터 막 대한 자금을 지원받게 되자 회계관리나 투명성에 너무 집착하게 되고 소 액 대출 사업의 경우 수익률까지 신경 쓰게 될 수밖에 없었다. 자칫 문제 가 되어 국제사회나 정부의 지원이 없으면 거대한 조직이 사라질 수도 있 다는 위기감은 단체를 더욱 경직되게 만들었다.

방글라데시인들이 한국의 경제발전을 부러워하는 것은 당연하다. 한 때 한국은 방글라데시(동파키스탄 당시)보다 가난한 나라였다. 새마을 운동이 1970년에 시작되었다. Brac은 1972년에 설립되었다. 둘 다 모두 농어민 지원 사업에서 시작했다. 그러나 결과는 달랐다. 근면, 자조, 협동이 새마을 운동의 3대 정신이다. 자조는 스스로 돕는다는 뜻이다. 즉 자발적인 문제 인식과 개선 의지를 강조하는 것이다. 빈민 구제는 나랏님도 못한다고 했던가? 물론 새마을 운동의 성공에는 국가 주도의 체계적인 지원도 한몫했다고 본다. 그리고 오늘날 사회 안전망 확보에 국가가 더욱 신경 써야 함은 두말할 나위가 없다. 그러나 세계에서 가장 이름난 구호 단체가 나선다 해도 수혜자의 자발적인 문제 인식과 개선 의지가 없다면 결국은 한계에 봉착하고 만다는 것을 여기서 보게 된다.

5

노벨상 수상자,
유누스(Yunus) 박사

NGO 중 그라민(Grameen) 은행은 빈곤층을 위한 마이크로 파이낸싱 (무담보 소규모 융자)을 통해 이들의 자립을 돕는 사업을 주로 하였다. 1976년에 시작하여 1983년 공식 은행업으로 등록하여 한때 지점 2,000개 이상, 융자 규모도 3조 원이 넘을 정도로 활성화되었으며 설립자 무함마드 유누스(Muhammad Yunus) 박사는 2006년 노벨 평화상을 수상하였다. 방글라데시의 유일한 수상자다.

당시 빈곤층 여성들을 고리대금의 굴레에서 벗어나게 하고 자립을 돕기 위해 시작된 이 사업은 가난한 방글라데시에 많은 기여를 하고 빈곤 퇴치를 위한 유누스 박사의 노력은 노벨상으로도 인정을 받았다. 이후 인도, 중남미, 아프리카 등 주로 경제적으로 취약한 국가를 중심으로 유사한 사업이 번져 나갔다. 우리나라에도 '미소금융'으로 불리며 무담보 소규모 창업 자금을 대출해 주는 금융기관이 생겼다.

포스트 차이나, 방글라데시가 깨어난다

그러나 이 사업이 시작된 지 44년이 지났지만 방글라데시는 여전히 가난하다. 대출 대상자의 97%나 되는 여성들의 경제적인 지위도 크게 나아진 것이 없다. 물론 그라민 은행이 이 모든 것에 책임이 있다는 것은 아니다. 당초 빈곤층을 고리대금의 굴레에서 벗어나게 하기 위해 출범한 그라민 은행은 시간이 지나면서 지나친 이윤추구, 회수율 98%를 자랑하는 강압적인 채권 회수 방식, 외국 원조 자금에 대한 비정상적인 관리 의혹 등 일부 비판도 받게 되었다.

가난한 여성들을 대상으로 대출을 해 주지만 이슬람 문화권에서 여성의 지위는 취약하여 돈을 빌려 오더라도 본인 스스로 사업을 하기보다는 고스란히 뒤에 있는 남성들 차지가 되어 버린다. 그리고 담보 없이 대출해 주다 보니 당연히 연대 보증이 필요할 수밖에 없다. 한 동네 5인 연대보증 방식이다. 한 명이 대출을 갚지 못하면 나머지 사람들이 갚아야 한다. 아무리 인심 좋은 시골 마을이지만 다 같이 가난한 처지에서 한 사람이 문제를 일으키면 그리 달갑지 않은 상황이 되는 것이다. 빚을 갚지 못한 그 여성은 그 마을에서 매장되기 일쑤이고 공동체 파괴자로 낙인이 찍히는 것이다.

그런데 이 좋은 취지의 사업이 제대로 성공하지 못한 데는 아무래도 대출금을 가지고 여성들이 마땅히 이윤을 남길 만한 사업이 많지 않고 여성의 지위도 취약하여 대출금으로 시작한 사업이 성장에 한계가 있다는 것이다. 초기에 개별 여성들이 할 수 있는 사업은 고작해야 가축을 기르거나 가내 수공업 수준의 공산품을 만들어 파는 정도였다.

이러한 상황에서도 그라민 은행은 크게 성장하여 현재 방글라데시 최대 이동통신 회사인 '그라민 폰'을 자회사로 거느리고 있다. 그라민 폰은 '빌리지 폰(Village Phone)'이라는 사회적 사업을 하고 있는데 시골의 가난한 여성들에게 통신 서비스를 판매하는 사업이다. 물론 이 가난한 여성은 처음에 그라민 은행으로부터 대출을 받는다. 그리고 그라민 폰 통신사로부터 저렴한 요율에 이동통신 서비스를 사서 인근 지역 주민들에게 약간의 이윤을 붙여 재판매하여 대출금을 갚고 이윤을 챙기는 구조다. 농촌 지역에 아주 인기가 있어 현재 그라민 폰의 시장 점유율은 전국 1위다. 누이 좋고 매부 좋고, 사회적 기업 활동이 취약 계층에 도움이 되고 실제 해당 기업의 성장에도 기여한 좋은 예라고 할 수 있다.

그리고 2007년에는 프랑스에 본사를 둔 세계적인 유제품 회사 다농(Danone)과 합작으로 요구르트 공장을 세워 영양실조에 걸린 방글라데시 아이들에게 저렴한 유제품을 공급하고 있다. 그야말로 사회적 기업이다. 아이들에게는 영양가 있는 유제품을 공급하고 농민들에게는 유제품 공급을 통한 소득을 높이는 효과를 거두었다. 그리고 무엇보다도 그라민 은행이 신경 쓰고 있던 취약한 여성들을 한국의 야쿠르트 아줌마처럼 직접 유제품을 배달할 수 있게 하여 여성들의 소득과 자립을 도왔다.

이렇듯 그동안 그라민 은행의 사업에 대한 평가는 다양하다. 분명한 것은 고리 대금에 시달리고 담보도 없는 빈곤 여성들에게 재활의 기회를 제공하고 이를 통해 전 세계 많은 나라에 유사한 형태의 사회적 사업을 전파시키고 영감을 주었다는 점은 크게 인정해야 할 것이다. 일개 민간 사회사업 단체로서 한계도 있었을 것이다. 대출은 해 줄 수 있지만 오랜 관습으로 정착된 여성의 취약한 지위에서 오는 외부 경제 활동의 한계나 가내 수공업을 능가하는 양질의 일자리나 창업 기회를 제공할 수 없다는 점은 민간단체인 그라민 은행도 쉽게 극복할 수 없는 구조적인 한계였을 것이다.

6

기업, 소중한 역할

　최근 새로운 기업 경영 트랜드로 CSR이나 CSV를 자주 언급한다. CSR은 Corporate Social Responsibility 즉 '기업의 사회적 책임'으로 주로 기업의 자선, 기부 등에 초점이 맞추어 져 있고 CSV는 Creating Shared Value의 약자로 '기업의 공유가치 창출'이라고 번역되며 기업이 수익 창출 이후에 사회에 공헌하는 것(CSR)이 아니라 이윤을 추구하는 기업 활동 과정 속에서 경제적 수익과 동시에 사회문제 해결에 기여하는 방식을 의미한다.

　앞에서 소개한 세계 최대의 NGO인 브락(Brac)이나 유누스 박사의 그라민(Grameen) 은행의 사업은 CSR보다 한 단계 앞서간 CSV의 경영 방식이었다고 할 수 있다. 그리고 오랫동안 가난한 나라로 지내 와서 개별 기업 단위에서도 사회 공헌에 뜻이 있는 기업가가 많다. 주로 병원, 학교, 보호시설 등에 관심이 많다.

현지에 진출한 우리나라 기업의 사례도 언급하지 않을 수 없다. Nike, Adidas, North Face 등 세계적인 브랜드의 제품을 생산, 수출하는 영원무역은 방글라데시 현지에서 한국을 대표하는 기업이다. 이곳에 일하는 수만 명의 종업원들은 방글라데시 내에서 가장 우수한 의료 서비스와 복지 혜택을 받고 있다. 그리고 영원무역은 지난 16년 동안 2백만 그루의 나무를 심고, 17개의 저수지를 조성하여 지역 환경 보호에도 적극 나서고 있다. 또한 각종 교육 사업과 문화재 복원 사업을 통해서 비록 외국 기업이지만 현지에서 사회 공헌과 기업 가치 실현에 앞장서고 있다.

요즘은 CSR과 CSV를 넘어서 ESG라는 새로운 경영 방식이 등장했다고 한다. ESG는 Environment, Social, Governance의 약자다. 기업의 가치를 평가할 때 재무적 성과만 따지는 과거 방식에서 벗어나서 친환경, 사회적 책임, 투명한 지배구조와 같은 요소를 반영하는 것이다. 영원무역은 오래 전부터 ESG를 도입한 셈이다.

방글라데시를 방문하는 외국인들은 처음에 충격을 받는다. 오염된 환경과 길에서 구걸하는 사람들을 보면서 가난이 얼마나 인간을 비참하게 하는지 눈으로 직접 보게 된다. 같은 인간으로서 느끼는 슬픔이 밀려온다. 신문, 인터넷의 기사나 사진에서는 느껴지지 않는 감정이다. 비록 길에서 접하는 일부의 모습이라고 할 수도 있겠지만 이제 겨우 최빈국을 벗어날 준비를 하고 있는 현실에서 가난은 아직까지 이들에게 고통스러운 멍에다.

기업의 사회적 책임이든 국가대 국가의 인류애 차원의 협력이든 할 일이 많은 나라다. 그동안 방글라데시 내부의 정치적인 불안을 비롯한 여러 가지 자체적인 문제도 있었지만 과도한 경쟁을 통한 승자 독식의 세계 경제 질서 속에서 방글라데시는 철저히 소외되어 왔다.

이제 방글라데시는 정치적인 안정을 기반으로 국가 주도의 경제개발을 통해 기업 활동이 살아나고 있다. 전 세계 어디서나 가난에서 빨리 벗어날 수 있는 길은 기업 활동을 통해 좋은 일자리를 많이 공급하는 것이다. 기업의 역할이 그만큼 중요하다.

현 정부 들어 외국인 투자 유치와 경제개발에 총력을 기울이고 있고 정치적으로도 안정이 된 만큼 기업의 사회적 책임이나 공유가치 창출을 위해서라도 이제 막 일어서려는 방글라데시에 대한 관심이 더욱 필요하다. 그리고 앞서 소개한 빌리지 폰(Village Phone) 서비스나 프랑스의 유제품 회사 다농(Danone)의 요구르트 사업처럼 CSV(기업의 공유가치 창출) 차원에서 서로 상생할 수 있는 수많은 사업이 가능한 나라가 방글라데시다.

7

영원무역, 벵골만의 기적

방글라데시는 중국에 이어 전 세계 2위의 의류 수출 국가다. 국가 전체 수출의 83%를 섬유산업이 차지하고 있다. 우리나라의 주력 수출 품목인 자동차, 반도체, 핸드폰, 선박 등에 해당 하는 것이 이 방글라데시에서는 섬유산업 하나로 통한다고 보면 된다. 다시 말해 봉제업이 나라를 먹여 살리는 효자 산업이다. 그런데 이 효자 산업을 낳아 주고 키워 준 나라가 한국이다.

1971년 독립전쟁으로 모든 산업이 파괴되어 1970년대 후반까지 이렇다 할 산업이 없었다. 이런 방글라데시에 1978년 대우가 봉제업으로 첫발을 내딛었다. 당시 한국은 전국 최대 수출산업단지인 구로공단에서 수출 효자 산업인 봉제업이 인건비 상승으로 점차 경쟁력을 잃어 가던 시기였다.

구로공단은 1967년부터 개발하기 시작하여 3년 후인 1970년에는 전국 최대의 공업단지가 되었다. 기술과 자본이 일천한 그 당시로는 주력 산업이 지금의 방글라데시처럼 당연히 단순 노동력을 바탕으로 한 봉제업이 될 수밖에 없었다. 그러나 인건비가 상승하고 정부에서 1970년 중반부터 중화학공업 육성 정책으로 전환하자 봉제업은 점차 국내에 설 자리가 없어졌다.

1970년대 후반부터 구로공단의 많은 봉제업체들은 중국, 동남아, 중남미 등지로 빠져나갔는데 이 중 일부가 방글라데시로 진출했다. 대표적으로 1978년 대우가 최초로 진출했다. 초기에 현지 기업과 합작으로 공장을 운영하면서 150명의 현지 직원을 한국에 데리고 와서 교육을 시켰다. 사실 이들 150명이 방글라데시 섬유산업의 씨앗이 되었다고 할 수 있다. 나중에 이들이 독립하고 퍼지면서 현지 기업들도 나름대로 성장하게 된 계기가 된다. 대우는 현지 합작 파트너가 어느 정도 수준에 오르게 되면서 공장 운영에는 손을 떼고 주력 분야인 무역업에 전념하고 방글라데시 공장은 제품 공급 기지로만 활용했다.

그리고 이때 새롭게 등장한 기업이 영원무역이다. 영원무역은 1980년 남들이 중국으로 진출할 때 방글라데시에 터전을 잡았다. 현재 방글라데시 내에서만 종업원 6만 명 이상의 가장 큰 의류생산 회사로 손꼽힌다. 특히 기능성 아웃도어 의류와 신발을 주로 생산하는데 세계적인 브랜드인 North Face, Nike, Adidas 등 주로 고부가가치 제품 생산에 집중하고 있다. 여의도 면적의 3배에 이르는 300만 평 이상의 거대한 KEPZ(Korea Export Processing Zone: 한국수출가공공단)을 확보하여 향후 발전 가능성과 더불어 현지에서 가장 주목받는 기업으로 성장하였다. 지금도 지속

포스트 차이나, 방글라데시가 깨어난다

적인 설비 투자와 실부터 옷까지 만드는 수직계열화에 힘쓰고 있으며 의류생산 기업으로는 드물게 R&D에도 많은 투자를 하고 있다.

〈영원무역 공장〉

영원무역은 벵골만 최대 무역항인 치타공(Chittagong)에 위치하고 있어 지리적으로도 국제거래에 유리한 점이 많다. 그러나 벵골만의 사이클론은 사납기로 유명한데 인류 역사상 가장 큰 피해를 준 열대성 저기압도 이 사이클론이다. 1970년에 불어 닥친 사이클론은 방글라데시인 50만 명의 목숨을 앗아 간 적도 있다. 매년 크고 작은 피해가 이어진다.

이 거대한 사업을 일궈 낸 영원무역의 창업자 성기학 회장도 초기에는 수많은 역경을 이겨 내야 했다. 공장을 짓고 난 얼마 후 엄청난 사이클론이 불어닥쳐 건물은 날아가고 재봉틀은 모두 물에 잠겨 이역만리 의지할 데 없는 타국에서 어찌할 바를 모르고 실의에 빠진 적이 있었다고 한다. 그러나 생각지도 못했는데 어디서 방글라데시인들이 하나둘 나타나서 같이 물을 빼고 재봉틀을 건져 올려 다시 공장을 살려 냈다. 이후에도 셀 수 없는 풍파를 헤치고 이렇게 현지인들과 동고동락한 세월이 40년, 영원무역은 방글라데시에서 가장 주목받는 기업으로 성장했으며 성기학 회장은 2018년 전 세계 섬유산업의 수장인 국제섬유생산자연맹(ITMF) 회장이 되었다. 그의 성공 스토리는 벵골만의 기적으로 회자된다.

방글라데시 전국에는 영원무역 외에도 한국에서 온 100여 개의 중소 의류생산 기업들이 있다. 그러나 현재 대부분의 기업들이 예전만큼 호황을 누리지는 못하고 있다. 방글라데시 전체 섬유산업은 지금도 많은 발전과 외형 확장을 하고 있지만 이곳의 한국 기업들은 투자 1세대가 지나고 그다음 세대로 이어지지는 못하는 실정이다. 2000년 이전까지만 해도 한국 기업들이 대세로 외국 바이어들도 한국 기업을 주로 찾았지만 그 이후 현지 기업들이 경험을 축적하고 기술력을 바탕으로 대규모 봉제산업 투자에 나서면서 한국 기업은 차츰 설 자리를 내어 주게 되었다.

그래도 현재 국가에서 운영하는 수출가공공단에 한국 기업이 75개나 입주하고 있는데 외국 기업으로는 숫자가 제일 많으며 여전히 중요한 역할을 담당하면서 바이어나 현지인들에게도 인지도가 높다.

방글라데시에는 국가에서 운영하는 수출가공공단이 8개가 있으며 민간 운영 수출가공공단은 영원무역의 KEPZ(한국수출가공공단)이 유일하다. 일본, 중국 어느 나라도 갖지 못한 유일한 민간 수출가공공단이다. 그런데 이 KEPZ의 단독 면적이 국가에서 운영하는 8개의 수출가공공단 면적을 다 합친 것보다 크다. 한국은 누가 뭐라 해도 방글라데시 섬유산업의 모태인 셈이다. 수출의 83%를 섬유·봉제업이 차지하는 전 세계 의류수출 2위 국가, 방글라데시에 한국 기업은 아직도 남다른 의미가 있다.

8

굴산(Gulshan), 다카의 특별구

매년 Mercer라는 컨설팅 기관에서는 전 세계 도시를 대상으로 삶의 질 (Quality of Life)을 조사해서 순위를 발표한다. 코로나 이전 2019년 순위를 보면 최하위가 231위인 이라크 바그다드고 방글라데시 다카는 217위로 거의 바닥 수준이다. 1위는 오스트리아 비엔나, 서울이 77위, 파키스탄 카라치가 194위, 그 열악하다는 아프리카 나이지리아 라고스도 212위로 다카보다 낫다.

이 순위는 각 도시의 생활환경을 조사해서 집계하는 것으로 의료·위생, 치안, 교육, 교통 및 공공서비스, 주택, 여가시설, 쇼핑 등 다양한 분야를 고려한다. 이 점수에서 방글라데시 수도 다카는 거의 바닥 수준이니 가보지 않고도 생활 여건이 얼마나 열악한지 짐작이 갈 것이다.

이쯤 되면 다카로 발령받은 해외 주재원이나 그 가족들은 가기 전부터 걱정이 이만저만이 아닐 것이다. 그러나 너무 실망하지 말기 바란다. 다카 시내에는 굴산(Gulshan)이라는 특별한 지역이 있기 때문이다.

이 지역에는 각국 대사관, 외국 기업, 현지 대기업, 고급 식당, 쇼핑센터 등이 밀집되어 있고 여기에서 일하는 이들을 위한 고급 아파트가 즐비하다. 대부분의 한국 주재원들도 여기에 거주한다. 한국 식당들도 이곳에 모여 있으며 규모나 음식 수준은 전 세계 어느 한식당에 내놓아도 뒤지지 않을 정도다. 1980년 이후 한국 기업이 시작한 봉제공장이 현대 방글라데시 산업의 시작이었고 의류가 수출의 대부분을 차지했다. 당연히 외국 바이어들은 방글라데시에 진출한 한국 기업을 찾아왔고 마땅히 대접할 식당조차 하나 없었으니 한국 교민을 중심으로 한 한식당이 유일한 국제적인 식당으로 자리 잡게 되었다.

지금은 일본, 중국, 이태리, 태국, 아랍 음식 등 다양한 식당들이 성업 중이며 수준도 상당히 높다. 또한 International Club이 여러 개 있는데 취향대로 월 100불 미만의 사용료로 수영장, 테니스장, 음주, 식사 등 다양한 혜택을 누릴 수 있으며 단조로운 다카 생활에서 여러 나라 외국인들과 교류할 수 있는 장소로도 통한다.

굴산에서 10분 거리에 위치한 Kumitola 골프클럽은 주재원들이 가장 많이 찾는 장소다. 매년 Korean Cup 토너먼트가 개최되는데 한국 기업과 한인회가 후원한다. 600명 이상의 참가자가 3일 동안 경기를 치르며 방글라데시 내에서 가장 규모가 큰 골프 토너먼트다. 38회까지 이어 왔으니 그 역사도 오래고 한국인들의 골프 사랑이 어느 정도인지 여기서도 알 수 있다.

한국 식료품을 구입할 수 있는 한인 슈퍼마켓도 한국에서 공수한 다양한 식품을 판매한다. 종교적인 이슈로 쉽게 구할 수 없는 돼지고기 삼겹살도 정식 판매된다. 인도 뉴델리를 여행한 적이 있었는데 인도보다는 방글라데시 한국 식료품점의 식품이 더 다양하다. 이러한 현상은 봉제업을 중심으로 한국 기업들이 아주 오래전부터 이곳에 성공적으로 정착했기 때문이다.

인구밀도 세계 최고에 2,000만 명이 모여 사는 방글라데시 수도 다카는 앞에서 언급한 것처럼 굴산을 제외한 다른 지역의 경우 생활 여건이 아프리카 나이지리아보다 못한 것이 현실이다. 그러나 외국과의 교류가 많고 일부 자국민들의 필요에 의해 이렇게 특별한 지역이 형성되었으며 이곳에서는 외국인으로서 생활하는 데 큰 어려움은 없다. 이쯤 되

〈굴산에 들어선 최신식 건물들〉

면 발령받은 주재원이나 가족들이 좀 안심이 될지 모르겠다.

9

특혜관세 최대의 수혜국,
앞으로가 문제다

　현재 UN이 정한 전 세계 47개의 최빈국 중 방글라데시를 포함한 12개 국이 최빈국 졸업을 위한 준비과정에 있다. UN은 3년마다 이 국가들을 평가해서 최빈국 졸업 여부를 심사하고 졸업을 권고한다. 이렇게 하는 이유는 최빈국 상태에 있을 때는 UN 및 여타 선진국으로부터 여러 혜택을 제공받기 때문이다. 그리고 그 나라가 어느 정도 잘살게 되면 이제 혜택을 거두고 스스로 국가를 발전시켜 나가게 하는 것이다.

　최빈국 상태에서는 여러 가지 혜택이 주어지는데 첫째가 원조 자금이다. 그리고 두 번째가 기술 분야에 있어서 무역 관련 지적재산권협정(TRIPS: Trade Related Aspects of Intellectual Property Rights) 이행 면제다. 특히 최빈국 제약산업의 경우 특허 의약품에 대한 복제의약품(generic medicine) 생산과 수출이 허용되는데 2033년까지로 정하고 있다. 방글라데시는 이 조항을 이용해서 제약산업을 집중 육성하고 있으며 많은 현지 대기업들이 제약산업을 통해 많은 자본을 축적하는 것을 볼 수 있다. 코로나 치료제로 미국에서 개발된 렘데시비르도 전 세계에서 방글라데시가 첫 번째로 복제약을 생산하여 공급했다.

세 번째가 교역에 있어서 관세 혜택이다. 이것이 가장 중요한 혜택이라고 할 수 있다. 일명 일반특혜관세(GSP: Generalized System of Preference)라는 것으로 예를 들어 방글라데시에서 생산한 의류는 유럽 시장으로 수출될 때 유럽 각국에서 수입관세가 없다. 그만큼 유럽 시장에서 가격 경쟁력이 높아지므로 방글라데시는 수출을 더 많이 할 수 있는 것이다. 최빈국이기 때문에 UN을 중심으로 각국에서 혜택을 주는 것이다. 현재 방글라데시는 섬유·봉제 분야뿐 아니라 무기류를 제외한 전 품목에 걸쳐서 유럽 시장에 이러한 무관세 혜택을 받고 있다.

3년마다 하는 UN의 심사가 2018년에 이어 2021년 2월에 있었다. 여기서 방글라데시는 2018년에 이어서 2번째 UN이 정한 최빈국 졸업 조건을 충족시켰다. 2번째라는 것에서 눈치 챘겠지만 수치적인 조건을 충족시켰다고 바로 졸업시키는 것이 아니라 그 나라의 특수한 상황 등을 고려하여 준비기간을 주는 등 종합적인 판단이 내려진다.

이번에는 미얀마와 라오스가 방글라데시와 함께 2018년에 이어 2번째로 졸업요건을 충족시켰는데 미얀마의 경우, 최근의 군사 쿠데타를 감안해서 3년 뒤인 2024에 다시 심사해서 졸업을 권고하기로 했다. 방글라데시의 경우 지난 10년간 지속적으로 6% 이상의 경제성장을 이어 오고 최근 2년 동안은 전 세계 최고의 경제성장률을 달성하였으니 이제 최빈국을 졸업하는 것은 당연한 것 같다.

그러나 졸업 후 방글라데시가 단기적으로 받을 충격도 만만치 않다. 당장 EU 지역으로의 의류 수출에서 40억 불의 손실을 볼 수 있다는 분석이 나온다. 그리고 외국 원조 자금의 감소로 인한 영향은 제한적이라고 할 수는 있지만 무상 원조 금액의 감소와 장기 저리 차관(soft loan)의 이자율 상승 등은 어느 정도 감수해야 할 수밖에 없다.

방글라데시는 금년에 실시된 UN의 심사 결과를 바탕으로 3년 후인 2024년에는 최빈국을 졸업할 것으로 보인다. 현재 방글라데시에서 공장을 운영하고 있는 우리 기업에게도 당면한 과제가 아닐 수 없다.

방글라데시 정부에서도 준비를 게을리하고 있지는 않다. 자체 내수 시장의 확대에 따른 공업화, 제조업 육성에 박차를 가하고 있으며 전국 100개에 이르는 산업단지인 EZ(Economic Zone)을 개발하고 수출 품목 및 시장의 다변화를 위해 노력하고 있다. 또한 최빈국은 졸업하더라도 치명적인 관세 혜택 철폐는 당분간 유예될 수 있도록 EU 등 각국과 협상하고 있어 2024년에 졸업을 하더라도 관세 혜택은 2027년까지 당분간 유지될 것으로 전망된다.

또한 방글라데시는 UN이 제시한 지속가능 발전목표인 SDG(Sustainable Development Goals)에 서명을 했는데 2030년까지 SDG의 17개 목표를 지속적으로 이행하고 목표를 달성해야 할 과제가 있다. 방글라데시 정부에서는 UN이 정한 이러한 개발 목표를 달성하기 위해서도 특혜관세는 지속적으로 필요하다고 주장할 수 있다.

우리 기업이 방글라데시에 진출할 경우 SDG에 대한 개념도 충분히 이해할 필요가 있다. 이는 빈곤 탈출, 기아 해결, 건강하고 질 좋은 삶, 교육, 성 평등, 수질개선 및 위생, 충분하고 깨끗한 에너지, 좋은 일자리와 경제성장, 산업/혁신/인프라, 사회 불평등 해소, 지속가능한 도시, 지속가능한 소비와 생산, 기후 대응, 해양 생태계 보전, 육지 생태계 보전, 평화/정의, 전체 목표를 위한 협력 등 총 17개 분야에 걸쳐서 개선목표를 부여하고 국가 정책이나 예산을 투입하는 것이다. 따라서 방글라데시 인프라 개발, 직접 투자, 현지 사업에 있어서 이러한 정부의 정책에 부합하는 분야일 경우 정부의 지원을 쉽게 받거나 장애물이 없을 가능성이 많다.

10

주목할 경제공동체,
함께 가야 멀리 간다

방글라데시에는 BIMSTEC(Bay of Bengal Initiative for Multi Sectoral Technical and Economic Cooperaton: 벵골만 기술경제협력체) 영구 사무국이 위치하고 있다. BIMSTEC은 벵골만을 중심으로 7개 국가가 가입하고 있는데 인도, 방글라데시, 스리랑카, 네팔, 부탄 및 미얀마, 태국이 회원국으로 인도, 방글라데시를 중심으로 동쪽으로 확대되며 15억 명의 인구가 살고 있다. 1997년 설립되었으며 의장은 회원국 간 돌아가며 맡고 있다.

BIMSTEC은 이 지역에서 비교적 잘 알려진 SAARC(South Asian Association for Regional Cooperation: 남아시아 지역 협력기구)와 비교되는데 SAARC 회원국은 BIMSTEC 회원국인 인도, 방글라데시, 스리랑카, 네팔, 부탄을 비롯해 몰디브, 파키스탄, 아프가니스탄이 회원국으로 인도, 방글라데시를 중심으로 서쪽으로 확장된다. SAARC는 1985년 설립되었고 2년마다 정상회의와 연 1~2회 각료 회의를 개최하고 있다.

우리나라는 2006년 SAARC에 옵저버로 가입을 하고 우리 정부의 신남방 정책을 통한 SAARC와의 협력강화 노력을 지속하고 있는 반면 BIMSTEC에 대해서는 그 중요성이 부각되지 못하고 있는데 그동안의 지역 정세나 향후 국제관계를 감안할 때 BIMSTEC에 대한 관심과 참여가 더욱 필요하다.

SAARC는 회원국 내에서 파키스탄이 협력의 장애 요소로 작용하고, 파키스탄에 막강한 영향력을 행사하고 있는 중국을 인도가 견제하는 상황에서 최근 협력의 정체 상태에서 벗어나지 못하고 있다.

오히려 인도는 중국의 이 지역에 대한 일대일로 정책을 견제하기 위해 파키스탄 등 서쪽 지역과의 협력보다는 방글라데시, 미얀마, 태국 등 역내 및 동남아시아 국가와의 연대를 모색하고 있는 가운데 이들 국가를 회원국으로 가지고 있는 BIMSTEC이 최근 주목을 받고 있다.

BIMSTEC도 그동안 회원국 간 크고 작은 이해관계, 경제 규모의 차이 등으로 활발한 협력관계를 보여 주지는 못했다. 그러나 2015년 인도 모디 정부가 그동안의 'Look East Policy'를 한층 더 발전시킨 'Act East'라는 정책으로 이웃나라 특히 남아시아를 비롯한 동남아시아까지 경제, 안보, 문화, 인적교류를 확대함에 따라 역내에서 BIMSTEC의 존재감이 부각되기 시작했다.

이러한 국제관계를 바탕으로 인도와 아세안 간의 무역 규모는 1992년 20억 불에서 2018년 기준 760억 불에 이를 정도로 확대되었다. BIMSTEC과 연계한 인도의 이러한 동방 정책은 이 지역에 대한 중국의 진출을 견제하는 하나의 전략적 노력이며 중국 또한 이 지역에서 인도를 견제하기 위해 BIMSTEC 회원국 중 인도와 국경을 접하고 있는 방글라데시, 스리랑카, 네팔 등에 영향력을 크게 확대하고 있다.

이러한 인도와 중국의 지역 패권을 둘러싼 전략적 힘겨루기 상황에서 방글라데시에 대한 중국과 인도의 지원이 강화되고 있다. 또한 인구 15억의 중국과 13억의 인도 시장이 방글라데시와 경제교류를 확대하고 있어 인구 1억 7천만 명의 방글라데시를 포함한 30억 거대 시장의 협력관계가 앞으로 주목된다.

BIMSTEC은 지리적으로 벵골만을 중심으로 남아시아 경제교류의 핵심으로 부상하고 있으며 더 나아가 남아시아와 동남아시아를 잇는 교량의 역할도 하고 있다. 특히 풍부한 노동력과 천연자원, 해상 물류망 등을 중심으로 앞으로 크게 성장할 것으로 전망된다. 따라서 우리도 방글라데시를 비롯한 이들 회원국과의 협력 방안을 모색하고 신남방 정책의 대상 지역으로 BIMSTEC에 대한 적극적인 고려가 필요하다. 또한 상황에 따라 직접 진출이 어려운 BIMSTEC 회원국 시장을 공략하기 위해 일찍이 섬유산업 투자로 우리에게 다소 익숙한 방글라데시를 교두보로 삼는 것도 방안이라고 할 수 있다.

여기서 방글라데시의 FTA 추진 현황에 대해서도 언급이 필요할 것 같다. 전통적으로 방글라데시는 다른 나라와 FTA 체결에 적극적이지 않았다. 국가 수출의 80% 이상이 섬유·봉제 제품인데 최빈국에 대한 특혜관세 혜택을 받아 FTA가 없더라도 유럽이나 미국 등 주요 시장에서 무관세 혹은 최소한의 관세만 부과되는 혜택을 받아 왔기 때문이다.

현재 가까운 부탄과 FTA를 체결한 바 있고 인도, 싱가포르, 중국 등과 FTA 체결을 논의 중이다. 그리고 앞서 설명한 SAARC 회원국을 중심으로 SAFTA(South Asian Free Trade Agreement)가 2006년에 발효되어 상호간 관세를 줄이고 무역 장벽을 해소하는 데 노력하고 있다.

그리고 BIMSTEC을 중심으로 한 회원국들도 BFTAFA(BIMSTEC Free Trade Area Framework Agreement) 체결을 통한 경제교류 활성화를 위해 논의 중이다.

방글라데시는 자국 인구를 감안한 내수 시장의 확대뿐 아니라 앞으로 중국과 베트남을 이어 글로벌 밸류체인의 새로운 생산 기지로 거듭나기 위해서 세계 각국과의 FTA 체결에도 더욱 속도를 내고 있다.

제3장

방글라데시 진출,
아는 만큼 거둔다

1

귀국,
방글라데시를 소개합니다

3년 반 만에 귀국하니 한국은 많은 것들이 변해 있다. 물론 코로나 사태로 지난 1년 동안 한국을 방문하지 못한 탓도 있겠지만 이번에 방글라데시와 한국의 차이를 더욱 실감할 수 있었다.

인천 공항을 통해 입국할 때 방역업무에서부터 시작해서 KTX를 이용해서 부임지 울산까지 내려오면서 우리 사회 시스템이 더욱 발전하고 정교해졌다는 것을 느낄 수 있었다. 광명역에서 울산으로 가는 KTX를 기다리다 열차가 플랫폼에 진입하는 영상을 찍어서 그 자리에서 바로 방글라데시로 보냈더니 이걸 보고 방글라데시에서 알고 지내던 기업인이 한국은 정말 전혀 다른 세상 같다고 한다. 웅장하고 세련된 아치형 스틸 구조물 천장과 그 아래 저 멀리서 야간 조명을 밝히며 얼음 위의 컬링 스톤처럼 미끄러져 들어오는 유선형 기관차는 한국 사람인 내가 봐도 감동이다.

인천 공항을 빠져나오면서 송도 신도시와 주변 경관이 한국의 발전상을 그대로 보여 주었고 광명역 KTX 대합실에서 음료수를 파는 자판기에서도 한국은 참 구석구석 아이디어와 편리함으로 넘친다는 생각이 들었다.

울산역에 도착하니 울산시에서 차를 보내 격리장소인 시내 아파트까지 데려다주었고 2주간 필요한 음식과 체온계, 손소독제 등도 챙겨 주고 핸드폰 어플을 통해 수시로 격리자의 상태를 체크한다. 내가 살다 온 나라에서는 상상도 못하는 대단한 사회 안전망이다.

그런데 더욱 신기했던 것은 한국의 배달 문화다. 코로나 사태로 더욱 발전한 측면도 있겠지만 음식이고 생활용품이고 모든 것이 배달 가능하고 심지어 더 빨리 배달하는 경쟁까지 하는 것을 보면서 최근 한국 사회가 어떻게 돌아가고 있는지 실감이 났다. 가장 신기한 것은 배달 물건을 아파트 문 앞에 그냥 두고 가기도 한다는 것이다. 누가 훔쳐 가면 어쩌려고? 가만히 생각하면 별것 아닌 것 같지만 어떻게 이게 가능할까? 어디 시골 집성촌을 제외하고 대도시에서 이러한 시스템이 가능한 나라가 있을까? 그만큼 CCTV를 비롯한 보안 인프라가 갖추어졌고 일반 국민들의 의식도 발전하여 신용사회가 되었다는 반증일 것이다.

한국이 이런 선진화된 사회 시스템을 갖추기까지 그동안 참 많은 우여곡절이 있었다. 1960년대 1차 경제개발 계획을 시작으로 경공업을 발전시켰으며 1960년대 후반부터 1970년대 중반까지 중화학공업을 육성하며 두 자릿수 경제성장률을 이어 갔으며 1980년대까지 초호황기를 누렸다.

1997년 IMF 외환위기를 맞아 단숨에 마이너스 6.8% 성장률이라는 치욕도 맛보았다.

이후 우리 경제의 체질을 개선하고 정보·통신 등 3차 산업을 필두로 수많은 벤처 기업들이 탄생했고 때로는 엄청난 갈등과 아픔 속에서도 기적 같은 경제성장과 민주주의를 착실하게 다져 왔다.

그럼 필자가 일하다 온 방글라데시는 우리의 어디쯤 와 있는 것일까? 아직도 수도 다카에서 200km 떨어진 벵골만 최대의 무역항 치타공까지 자동차로 6시간이 걸린다. 2시간 걸리는 서울-대전 거리인데 말이다. 우리나라 경부 고속도로가 1968년 착공하여 1970년에 완공했으니 인프라로 보면 아직 우리나라 1960대 말 정도 된다고 해야 할까? 그런데 핸드폰 등록은 1억 6천만 대로 전체 인구수에 육박하고 전국 80% 이상이 광통신망으로 연결되며 2018년, 전 세계 57번째로 자체 인공위성을 발사했다. 우리나라는 1992년에 최초로 자체 위성을 발사했다.

방글라데시는 아마 우리의 1960년대 말에서 1980년대 그 어디쯤 있는 것 같다. 이 시기의 우리나라는 고도 경제성장의 신화를 쓰던 시기였다. 어떤 해는 두 자릿수 이상의 경제성장률도 심심찮게 나왔다. 지금 방글라데시가 그렇다. 지난 10년 동안 지속적으로 6~7%의 성장을 이어 오다가 2019년에는 8.4%로 전 세계에서 가장 높은 성장률을 기록했다. 코로나 사태로 모든 나라의 경제가 초토화된 2020년에도 IMF 기준으로 3.8%를 달성했다. 중국이 1.9%, 베트남이 1.6%, 이웃나라 인도는 마이너스

포스트 차이나, 방글라데시가 깨어난다

10.5%로 곤두박질쳤으나 방글라데시는 계속해서 놀라운 경제성장을 이어 가고 있다.

우리에게는 참으로 생소한 나라, 인구밀도 세계 최고의 최빈국으로만 알려졌던 방글라데시에 세계의 이목이 집중되고 있다. 이미 진출한 한국 기업도 적지 않다. 해외 건설 수주 부문에서 2019년에 우리 기업은 방글라데시에서 8억 불을 수주하였다. 이제 방글라데시는 우리에게 전 세계 8위의 건설 시장이 되었다. 그동안 우리의 텃밭이었던 여느 중동 국가에서 수주하는 것보다 큰 규모다. 2020년에는 코로나 상황에서도 17억 불(2조 원)을 수주하여 전년도보다 2배 이상 증가하였다. 삼성전자, LG전자 현지 조립공장이 최근에 생산을 시작했고 현대자동차 조립공장이 건설 중이다. 중국, 일본 기업들도 점점 더 진출을 가속화하고 있다.

코로나 이후, 포스트 차이나 시대에 방글라데시가 깨어나고 있다. 전 세계의 기업들이 방글라데시로 몰려가고 있다.

2

기회의 땅,
만만하게 보면 안 된다

요즘 방글라데시에 대한 관심이 점점 높아지고 있다. 급속한 경제성장과 방글라데시에서 우리나라의 건설 수주도 급증하다 보니 한국 기업들의 관심도 높아지고 현지 진출을 고민하는 기업들의 문의도 늘어나고 있다.

한마디로 코로나 상황으로 전 세계의 성장판이 멈춘 상황에서도 방글라데시에서는 무언가 움직이고 있다는 것이다. 그리고 거기에 투자를 하고 이러한 기회에 편승하면 쉽게 이득을 취할 수 있을 것 같다.

맞는 말이기도 하고 틀린 말이기도 하다.

분명 각종 경제지표나 현지에서 보고 느끼는 바로는 방글라데시가 급속한 성장 과정에 있다는 것은 사실이다. 이는 그동안 발전의 가장 큰 걸림돌이라고 할 수 있었던 정치 불안이 지난 10년 동안 거의 종식되고 민주적 절차에 대한 비판을 받고는 있지만 현 정부가 안정적인 경제성장을 견인하고 있기 때문이다.

사실 경제성장의 가장 큰 동력은 건설 즉 인프라 프로젝트에 투입되는 막대한 자금으로 보면 된다. 2024년쯤이면 졸업을 하겠지만 아직은 최빈국인 방글라데시는 인프라 개발 수요가 많은 것은 당연한 것이고 World Bank나 ADB(아시아개발은행)을 비롯해서 일본, 중국, 한국으로부터 차관도 대규모로 쏟아져 들어오고 있다. 이 거대한 자금이 주로 인프라 개발 분야에 투입된다.

이렇게 떠오르는 건설 시장에 그동안 우리 건설기업들도 진출을 확대하여 많은 성과를 내고 있고 이러한 뉴스로 인해 관심은 더욱 증폭되고 있다. 인프라 개발 국내 공기업에서도 민관협력사업(PPP)으로 대규모 투자도 검토하고 있는 상황이다.

이러한 공공 인프라 분야의 성장세에 힘입어 민간 분야에서도 제조업, 서비스업 할 것 없이 하루가 다르게 모습을 바꿔 가고 있다. 수도 다카 시내에는 새로운 현대식 아파트가 속속 등장하고 심심찮게 외국계 체인형 식당들도 하나둘 숫자를 더해 가고 있다. 새로운 5성급 호텔들도 우후죽순처럼 도심에 얼굴을 내밀며 도시에 활기를 불어넣고 있다.

분명 여기는 이제 뜨기 시작하는 시장으로 보면 큰 무리가 없을 것 같다. 우리에게 좀 익숙하게 설명하자면 우리나라의 1970~1980년대 고도 경제성장기의 어느 한 모습을 연상할 수도 있겠다. 물론 당시 우리 정부 정책이나 국민성을 따라올 수는 없지만 이들 나름대로 주어진 여건 속에서 성과를 내고 있는 것은 사실이다.

그럼 이제 묻고 싶다. 방글라데시가 인프라 개발 수요도 많고 경제성장률도 높고 사업 기회도 많을 것 같은데 투자를 해 보면 어떨까? 많은 우리 기업들의 질문이다. 그동안 축적한 기술력과 노하우를 가지고 이곳 미개척 시장에 오면 아주 유리할 것 같다.

우리나라의 1970~1980년대를 살아 본 내가 그때부터 현재까지의 모든 경험과 지식을 가지고 타임머신을 타고 다시 그 시절로 돌아가서 사업을 할 수 있다면? 정답을 한 번 보고 시험을 치는 것과 같다. 다시 말해 그때 이후 우리나라 산업이 어떻게 발전했고 사회가 어떻게 변화했는지, 그리고 어느 시기에 어떤 사업이 가장 잘나갔는지 보고 체험한 모든 경험이 있으니 당연히 유리할 것이다.

그러나 아쉽게도 타임머신은 없다. 다만 그동안의 경험과 지식만 현재 우리에게 있을 뿐이다. 타임머신이 없더라도 분명 이러한 기술과 경험은 지금 이 순간 지구상 어디에선가는 진가를 발휘할 나라가 있을 것이다. 현재 우리의 1970~1980년대 상황과 비슷한 방글라데시를 그중 하나로 보자.

지금 우리나라의 모습은 1970~1980년대에 비해 상상할 수 없을 정도

포스트 차이나, 방글라데시가 깨어난다

로 발전했다. 이 과정에서 기업들도 성장하고 나라도 발전했다. 그러면 우리에게 과거 30~40년에 걸친 지식과 노하우가 있으니 이것을 가지고 지금의 방글라데시에 간다면 이것은 타임머신을 타고 더 뛰어난 지능을 가지고 미래에서 현재로 이동하는 것과 똑같은 효과가 있어 쉽게 투자 수익을 거둘 수 있을까? 쉽게 생각하면 그럴 수도 있을 것 같다.

그러나 우리에게는 과거에 대한 기억이 완벽히 유지되지 못하기 때문에 지금 보이는 대한민국의 발전상은 확실히 인식하더라도 과거 1970~1980년대 우리의 현실은 어땠는지 거의 기억에 없다. 젊은 세대의 경우 그때는 아직 태어나지도 않았을 수도 있다.

IMF 전 우리에게 신뢰할 만한 금융 시스템이 효과적으로 작동하고 있었는가? 경찰이나 공무원의 뇌물수수와 고질적인 부정부패, 가끔 온 나라를 떠들썩하게 했던 대규모 사기 사건과 정경 유착, 급속히 팽창하는 경제 환경에서 무리한 사업 확장에 따른 수많은 기업들의 부도, 연대 보증의 폐해, 급기야 IMF로 인한 수많은 기업의 도산과 신용불량자 양산, 이 모든 어두운 면도 지금의 화려하고 발전된 우리 경제의 엄연한 과거 한 부분이었다.

앞에서 타임머신까지 들먹여 가며 수많은 사업 기회에 대해 가정해 보았다. 그러나 그 기회의 이면에는 우리가 생각지 못한 위험도 많다. 지난 수십 년 동안 우리도 이러한 위험을 겪으며 성장해 왔다. 지금의 방글라데시를 다시 한번 들여다보자. 보다 객관적인 고찰을 위해 확실한 숫자만 가지고 설명을 해 보고자 한다. 공공부문 부패지수는 전 세계 180개국 중 143위다. 기업하기 얼마나 좋은지를 평가하는 기업환경평가(Ease of doing business)지수는 190개국 중 168위다. 숫자가 클수록 안 좋은 것이다. 그런데 경제성장률은 또 전 세계 1, 2위를 다투고 있다. 할 일도 많지만 장애물도 많다는 이야기다.

인프라 프로젝트 수행을 위해 현지에 진출하는 우리나라 건설사나 엔지니어링사도 처음에는 고전을 면치 못한다. 너무나 다른 제도와 관행, 예측 불가하고 통제가 쉽지 않은 변수가 많기 때문이다. 첫 프로젝트에서는 적자를 보는 경우도 많다. 수업료인 셈이다. 그래서 단기적인 관점에서 진출을 생각한다면 다시 생각해 봐야 한다.

민간 비즈니스뿐 아니라 이 나라 정부를 상대로 한 외국 기부단체들도 마찬가지로 힘들다. 도와주는 일도 쉽지 않다는 말이다. 기부 물품에 대한 세관 통관도 현지 정부 부처 간 비효율적인 일처리로 길게는 1년씩 지연되거나 당초 예상치도 않았던 추가 비용까지 부담해야 하는 어려움을 당하기도 한다.

우리가 사는 세상은 크게는 국가, 그리고 사회 구성원들이 모두 상호작용하며 연대하여 사업이나 삶을 영위하고 있다. 즉 혼자 사는 것이 아니며 혼자 사업을 하는 것이 아니다. 그렇다 보니 방글라데시의 어느 한 개인 혹은 어느 한 회사의 회장이 아무리 나에게 선한 마음을 가지고 신용을 지키고 형제처럼 잘해 주고 싶어도 그건 그 개인에 국한된 이야기다.

1:1의 관계로 그냥 같이 밥이나 먹고 안부나 물어보는 정도라면 그냥 서로 좋은 관계로 끝까지 갈 수 있다. 그러나 투자나 사업은 수많은 주변 회사와 정부 인사나 공공기관까지 연계될 수밖에 없다. 안부나 묻는 개인적인 신뢰관계와 다중 네트워크로 이루어지는 기업 활동은 방글라데시 같은 이런 상황에서는 철저히 구분할 필요가 있다. 방글라데시 사람들 본성이 나쁜 게 아니라 아직까지 이 나라 경제 시스템 자체가 취약한 점이 많다는 것이다. 사람 자체로만 보자면 방글라데시 사람들이 더욱 순수할 수도 있다. 그러나 이러한 사회적이고 구조적인 취약점 때문에 아무리 선량한 사람도 한 개인이 사회 시스템의 한계를 뛰어넘을 수 없는 한, 경우에 따라서는 부득이 하게 상대방의 기대를 저버리는 행위를 할 수 있다.

우리도 과거에 그랬다. IMF도 있었다. 지금이라고 전혀 없지도 않다. 다만 우리의 과거처럼, 현재의 방글라데시는 우리의 지금보다 더욱 취약한 면이 많다는 점을 이야기하고자 하는 것이다.

방글라데시 경제가 성장하고 기업 활동이 활발해지니 가전제품 등 제조업 투자는 물론이고 식당, 리테일 등 서비스 분야도 활기를 띠고 있다. 한국과 거래 관계가 있거나 한국에 어느 정도 체류한 방글라데시인들은 이러한 방글라데시에 한국 기업의 투자를 권유하기도 한다. 투자를 권유하는 이유는 나름대로 성공에 대한 확신이 있는 경우도 있을 것이다. 그리고 기본적으로 자신의 토지나 빌딩이 있으니 이걸 가지고 한국 기업의 기술이나 제조설비 투자를 희망하는 경우도 있다.

이 경우 방글라데시 측은 잘되면 좋지만 잘 안되더라도 크게 잃을 게 없다. 자기 땅이 어디 가는 게 아니다. 그러나 한국 기업은 투자한 설비나 투자비를 다 날릴 수도 있다. 기계나 설비를 다시 한국으로 가져올 것인가? 공장 부지와 빌딩을 제공한다고 해서 사업에 대한 확신도 없이 덥석 뛰어들어서도 안 된다.

외국계 체인형 식당만 봐도 그렇다. 최근에 신규로 속속 생기고 있기는 하지만 생겼다 없어지고, 여기저기 자리를 옮기고 뭔가 움직임은 활발한데 자리를 제대로 잡지 못하는 모습이다. 미제 햄버거 Burger King이나 더 고급 햄버거 체인인 Johnney Rocket은 분명 성공한 것 같지는 않다. 패밀리 레스토랑인 Tony Roma's도 마찬가지다. 한국산 치킨 체인점 하나도 현지인이 들여와서 운영되기는 하는데 그동안 주인도 한 번 바뀌었고 한국인들에게도 크게 주목을 받지 못하는 등 제대로 정착하지 못하는 모습이다.

그런데 이러한 이야기를 너무 길게 하다 보니 너무 겁만 주는 게 아닌가 염려된다. 겁주려는 게 아니라 조심하고 체크하고 대책을 세워서 투자를 하자는 이야기다. 앞에서도 이야기했듯이 방글라데시는 지금 전 세계 어느 곳보다도 사업 기회가 많고 우리나라의 1970~1980년대처럼 산업 각 분야에 걸쳐서 새로운 도약의 기운이 움트고 있다.

위에서 식당 이야기를 하다가 말았으니 다른 사례를 하나 더 소개하자면 새로 생긴 중국 식당 하나는 성공적으로 운영 중에 있다. 필자도 자주 갔지만 현지인들에게도 아주 인기 있는 식당으로 분명 성공한 케이스다. 그리고 대형 슈퍼마켓 위층에 신규로 오픈한 푸드 코트는 날로 인기를 얻어 가고 있다. 그동안 워낙 낙후된 나라다 보니 다양한 메뉴와 식당이 집결한 이러한 현대식 푸드 코트는 없었다. 이들에게는 새로운 시도였으며 결국 소득수준의 향상, 경제 활동 인구의 증가 등 전반적인 여건이 뒷받침되니 이런 사업도 되는 것이다.

결국 경제성장의 전반적인 분위기에 힘입어 다양한 분야에서 새로운 투자나 시도가 이루어지고는 있다. 성공하는 경우도 있지만 이들도 이제 처음 가 보는 길이다 보니 시행착오를 하는 경우도 많다. 이러한 시행착오는 어쩔 수 없는 과정일 수도 있지만 당사자에게는 고통스러운 일이며 피할 수 있으면 반드시 피해야 한다. 홈그라운드가 아닌 우리는 더욱 피해야 한다.

투자 분야에 따라 다소 차이는 있겠지만 현지 컨설팅사를 통한 철저한 시장조사가 선행되어야 한다. 코트라(KOTRA)를 통해서도 많은 도움을 받을 수 있는데 법인설립, 현지 기업정보, 기업 평판 조회, 유력한 세무, 회계, 변호사 정보 그리고 정부 및 유관기관 관련 업무 등 현지 진출 관련 다양한 지원을 받을 수 있다. 그리고 이미 진출해 있는 한국 기업으로부터 현장 중심의 경험을 전수받는 것도 매우 중요하다. 방글라데시는 법과 제도가 있어도 현실에서는 다르게 적용되거나 예상하지 못한 많은 변수가 생기게 마련인데 이러한 부분을 경험 있는 우리 기업을 통해 어느 정도 전수받고 해결할 수 있다. 이밖에도 한국계 금융기관이나 상공회의소 등 보다 광범위한 네트워크를 통한 정보 수집과 확인 작업이 필요하다. 아쉬운 점은 아직까지 한국계 회계·법률 사무소가 없다는 점인데 국내 기업의 진출 확대에 따라 관련 서비스업도 함께 진출하기를 기대한다.

앞으로 방글라데시가 우리에게 새로운 시장이 되고 더 많은 기회를 제공해 줄 수 있다. 그러나 막연한 기대는 철저히 경계해야 하며 보다 면밀하고 치밀한 계획과 검토를 바탕으로 투자를 결정하고 예상 가능한 시행착오를 줄인다면 전 세계 어느 곳보다도 매력적인 투자처가 될 수 있을 것이다.

3

합작,
그 필요성과 조심할 점

한국은 1978년 대우가 봉제공장을 방글라데시에 합작 형태로 투자한 것이 최초의 진출 사례다. 현재도 수출가공공단에서 외국 기업으로는 한국 기업의 투자 비중이 가장 높다. 대우는 이후 지분을 현지 기업에 모두 넘기고 제품 OEM 생산 기지로만 방글라데시를 활용했으며 현재 대부분의 우리 기업의 현지 봉제공장도 단독투자 형태를 취하고 있다. 물론 우리 기업의 봉제는 현지 내수 판매와는 상관없이 정해진 수출가공공단에서 작업하여 재수출하기 때문에 현지 합작투자의 필요성이 그만큼 낮기 때문이기도 하다.

그러나 최근 현지 내수 시장의 급격한 확대에 따라 현지 기업의 마케팅 능력과 기존 사업 기반이나 유통망 등을 활용하기 위해서 점차 합작투자의 필요성이 높아지고 있다.

합작투자 분야는 정부에서 제한하는 일부 분야를 제외하고 다양한 분야에서 가능하다. 합작투자가 불가능한 분야는 무기 및 군용장비, 원자력 발전소, 유가증권 인쇄, 임업 및 보호 산림 지역에서의 채취 등이며 합작 장려 분야는 정유, 발전, 송배전, 원재료 및 광물을 이용한 중·대규모 제조업 분야다.

그리고 민간 분야에서도 인프라 건설공사, 에너지, ICT, 건축자재, 중장비, 타이어, 석유화학, 수송기계, 전기·전자, 가공식품, 냉동·냉장, 식음료, 화장품, 패스트푸드 체인점, 영화관 등 다양한 분야에서 현지 합작 수요가 있다.

Ford, Volvo 등 외국 자동차의 현지 딜러를 하는 대기업 대표를 만났을 때 그분은 최근에 중국 기업과 합작으로 섬유 염색 및 후처리 공장을 설립했다고 하면서 합작투자의 필요성을 특히 강조했다. 이 기업은 할아버지 때부터 섬유 부자재 생산을 통해 자본을 축적하고 아버지, 삼촌들이 사업을 이어받아 섬유, 시멘트, 부동산 등으로 기업을 성장시켰다. 방글라데시의 많은 대기업들이 이와 유사한 길을 걸어왔다. 그러나 최근 방글라데시의 급격한 경제성장과 내수 시장의 확대로 새로운 분야에 대한 투자에 관심이 많은데 자신들은 기술력이나 경험이 없어 외국 기업과의 합작은 매우 절실한 상황이라고 전했다.

주요 대기업들의 향후 관심 있는 신규 사업 내역은 다음과 같다.

기업명	주요 사업	매출액 (US$ 백만)	초기 사업	신규 사업 계획
Meghna Group of Industries (www.meghnagroup.biz)	쿠킹오일, 시멘트, 화학, 밀가루, 설탕, 식음료	3,000	1976년, 식품업	컨테이너 터미널, PVC 레진
Abul Khair Group (www.abulkhairgroup.com)	식음료, 시멘트, 도자기, 레미콘, 담배, 물류	2,000	1953년, 담배	건축용 바닥 및 벽타일
Beximco Group (www.beximco.com)	황마, 섬유, 도자기, 제약, ICT, 언론	500	1972년, Jute(황마)	발전
Bashundhara Group (www.bashundharagroup .com)	부동산, 시멘트, 종이, 식품, LPG, 준설, 철강	3,200	1987년, 부동산	LPG, 디젤, 중유, 항공유
Akij Group (www.akij.net)	플라스틱, 시멘트, 도자기, 식음료, 담배	1,500	1940년, 황마, 담배	플라스틱
PHP Group (phpfamily.com)	철강, 유리, 섬유, 발전, 자동차	1,000	1969년, 선박 해체	제철소
Summit Group (summitpowerinternational.com)	발전, 통신, 에너지, 해운, 부동산	1,000	1973년, 무역	에너지
Fair Group (www.fairgroupbd.com)	가전제품, 핸드폰, 자동차, 패스트푸드 체인점, 무역	500	1998년, 무역	전기차, ICT, 화학

이러한 현지 합작투자에는 한국, 중국 기업보다는 유럽, 일본 기업들이 더욱 적극적인 모습을 보이고 있다. 노르웨이 통신 회사인 Telenor는 통신업에 진출하여 Grameen Telecom에 55% 이상의 지분을 가지고 있는데 현재 방글라데시 최대 통신 서비스 회사다.

현지 오토바이 내수 시장의 급격한 성장에 발맞추어 일본의 Honda사는 2018년에 방글라데시 현지에 오토바이 제조 공장을 설립했는데 방글라데시 정부 지분 30%, Honda 지분 70%로 합작형태의 투자를 하였다. 이처럼 민간 기업보다는 정부나 공익법인과의 합작투자가 많이 눈에 띄는데 앞서 소개한 Grameen Telecom도 방글라데시 유일의 노벨 평화상 수상자로 가난한 농촌 여성을 지원하기 위한 소액 대출(micro financing)을 도입한 유누스(Yunus) 박사의 공익법인에서 출발하였다.

이러한 합작투자 사례는 방글라데시 독립이전 동파키스탄 시절까지 거슬러 올라가는데 현재 화장품, 비누, 샴푸 시장에서 가장 큰 점유율을 보이고 있는 영국계 Unilever사는 본인들 지분 60%와 방글라데시 정부 지분 40%로 시작하여 방글라데시 독립 이후 현재까지 시장을 석권하고 있다.

그러나 현지 정부나 공익법인, 대기업과의 합작투자가 아닌 경우 상대적으로 많은 장애 요소가 존재한다. 기본적으로 가족단위의 경영 형태가 많고 주식시장 상장 등을 통해 공개된 기업이 적어 현지 기업의 신용도나 재정 상태를 정확히 파악하기 어렵다. 그리고 행정 미비와 이사회 운영의 난맥상, 상이한 언어로 인한 서류 확인의 어려움 등이 있다. 그리고 법인 설립 후 문제가 발생할 때는 원칙적으로 외국인 투자법의 보호를 받아야 하지만 실제로 분쟁 해결에 오랜 시간이 걸리는 데다 절차를 밟는 과정에서의 손해를 감당할 수밖에 없고 결과도 결코 유리하기를 기대하기 힘들다.

하나의 사례를 들어 본다. 요즘 방글라데시는 건설 붐이 대단하다. 그

러나 건설 장비의 대부분은 외국에서 수입되고 있으며 한국산 건설 장비
도 새것이든 중고든 상당히 인기가 좋다.

상황이 이렇다 보니 방글라데시와 한국 기업 간 건설 장비 수출입도 활
발한데 한국으로부터 건설 장비를 수년째 수입해 오던 방글라데시 바이
어가 한국의 수출업체에 합작 제의를 한 적이 있다. 현지에서 장비를 임
대해 주거나 직접 공사에 참여하면 단순히 수출하는 것보다 수익성이 더
좋다는 것이었다.

한국 기업 A사에게 장비를 한 대 방글라데시에 투입해 달라는 것이었
다. 한국 기업 A사로서는 그동안 같은 장비가 방글라데시에 수출되고 있
으며 그 수요가 날로 늘어나는 것을 보고 본인의 장비를 방글라데시에 가
져와서 현지 기업과 합작으로 회사를 운영하기로 했다.

그러나 정작 공사를 수주하고 장비를 투입해서 공사를 해도 방글라데
시 파트너사가 공사 대금을 받아 한국 기업 A사에게 배분하지 않는 사태
가 발생하기 시작했다. 한국 기업 A사는 현지 파트너사에게 항의해도 파
트너사는 이런저런 비용과 여러 핑계를 대며 초기에 합작을 제의했을 때
와는 다르게 태도가 완전히 바뀌었다. 국내 기업 A사는 현지 체류와 운영
자금에도 압박을 받고, 그렇다고 당장 장비를 끌고 한국으로 돌아갈 수도
없는 상황에 처하게 되었다.

더욱이 회사는 합작이지만 현지 공사 수주는 현지 파트너사 이름으로

계약이 되어 한국 기업 A사는 발주처에게 직접적으로 어떠한 요구를 할 권한도 없어 공사 대금은 고스란히 현지 파트너사에게만 돌아가고 한국 기업 A사는 더욱더 힘든 날들을 보내게 되었다.

또한 한국 기업 A사가 합작 파트너사를 배제하고 단독으로 공사를 하고 싶어도 법적으로 방글라데시 내에서는 합작 파트너사의 동의가 없이는 단독으로 수주를 할 수 있는 자격도 없어 더욱 상황이 난처한 경우였다.

현재 등록된 한-방글라데시 합작 법인은 다수가 있지만 실제로 활발히 사업을 하고 있는 경우는 찾아보기 힘들고 EPZ(수출가공공단)을 중심으로 150여 개에 달하는 대부분의 진출 기업은 단독 법인 형태를 취하고 있다. 지난 40년간 한국 기업이 이곳에서 사업을 해 왔으며 그동안 합작을 시도한 사례도 상당수 있었을 것이다. 그러나 현재의 상황은 오랜 기간에 걸쳐 결국 합작은 쉽지 않았었다는 것을 보여 주는 것이 아닐까 한다.

특히 방글라데시는 아직 여러 가지 비즈니스 관련 제도나 법질서가 엄격히 확립되지 않아 우리가 생각하는 정도의 신의와 원칙을 기대하기 어렵다. 특정인이나 특정 기업이 개인적으로 보기에 매우 정직하고 어떤 경우에도 실망시키지 않을 것 같은 경우에도 문제는 생길 수 있다. 사업은 그 개인 혹은 특정 기업 혼자 하는 것이 아니고 그 사회와 문화에 속해서 서로 유기적으로 관계를 형성하며 이루어지기 때문에 특정인이나 특정 기업이 아무리 정직해도 전반적인 그 사회의 기업풍토나 상관습에 영향을 받을 수밖에 없다.

필자도 정직하고 순수하기까지 한 많은 현지 기업인들과 교류하였고 지금도 관계를 유지하고 있다. 그런데 사람과 사람과의 이러한 관계는 하루아침에 만들어지는 것이 아니다. 시간이 걸린다. 그런데 당장 사업을 위해 단기간에 현지 파트너와 합작 사업에 착수해야 한다면 그리고 그 사회의 시스템이 아직 이러한 개인적인 의지와 순수함을 보호해 줄 수 있을 정도로 발달하지 않았다면 무엇인가 대책이 따라야 한다.

현지 중소기업과의 합작은 이렇듯 쉬운 과제가 아니다. 그러나 현재의 방글라데시 경제성장과 산업발전 단계를 감안할 때 앞으로 투자가 활성화되고 제조업 및 다양한 분야에서의 신규 사업 수요가 폭발할 수밖에 없는 매력적인 시장임에는 틀림이 없다. 대부분의 대기업, 중견기업에서 기존 주력 사업 이외에 신규 사업을 추가하려는 강력한 의지와 움직임을 보이고 있기 때문이다.

물론 이러한 상황에서 한국 기업이 현지에 단독으로 뛰어들 수도 있다. 수출가공공단에서의 단순 제조의 경우에는 단독투자도 문제가 없겠지만 내수 시장을 공략하기 위해서는 단독투자보다는 합작이 반드시 필요하거나 상대적으로 유리할 수 있다. 이러한 경우에는 당장 합작투자에 나서지 말고 합작 파트너사와의 일정 기간 거래 경험을 쌓고 신뢰가 확보된 다음에 합작투자를 결정하는 것도 한 방법이 될 수 있다. 그리고 가족 단위의 중소기업보다는 오랜 역사를 가지고 공개된 대기업, 중견기업을 대상으로 하는 것이 유리한데 한국의 중소기업이라도 기술력만 있으면 현지 대기업, 중견기업에서도 적극적으로 관심을 보일 것이다.

그리고 합작 초기부터 법률적인 검토와 세심한 준비과정을 거치고 사업을 진행함에 있어서도 여러 가지 대안과 법적 안전장치 등에 더욱더 신경을 써야 하는 것은 말할 나위도 없다.

4

공장 지을 땅이 없다면, 그들의 사업하는 방식

방글라데시는 한국에서 도저히 이해할 수 없을 정도로 다양한 현지 상황이나 관행이 존재한다. 어느 누구도 현장에서 경험해 보지 않고서는 알 수 없는 상황이 많이 발생하는데, 초기에 한국 기업이 현지에 첫발을 내딛고자 할 때 상황을 한번 가정해 보자.

한 기업이 현지에 수출용 공장을 설립하려고 한다고 치자. 그러면 공장을 지을 땅이 있어야 한다. 흔히 말하는 보세구역의 땅이 그 대상이 된다.

보세구역은 방글라데시에서는 EPZ(Export Processing Zone)이라고 하는데 흔히 알고 있기로 관세가 면제되고 일정 기간 법인세, 소득세 등이 면제 혹은 감면되고 각종 행정 서비스가 원활히 이루어지는 등 혜택이 있어서 외국 기업들이 주로 여기에 입주를 하게 된다.

EPZ에 입주한 기업이 포화상태가 되다 보니 최근에는 EZ(Economic Zone)을 개발하여 공급하고 있는데 정부에서는 전국에 100여 개의 국영 혹은 민간 EZ를 개발하고 있다. EPZ과 EZ의 다른 점은 세제 혜택 등은 다 같으나 EZ은 수출 외에 내수 판매용 생산도 가능하다는 점이다. 물론 이 경우 내수 판매에 따른 해당 세금은 부과된다.

문제는 외국 기업이 신규로 현지에 공장을 지으려고 할 때 EPZ에는 더 이상 가용 가능한 땅이 없고, EZ은 아직 개발 중인 상태이므로 당장 전기, 도로, 가스 등 필요한 인프라가 갖추어져 있지 않다는 것이다.

그래서 언뜻 보기에는 공장 지을 데가 없어 보인다. 그런데 중국 기업들은 잘도 현지 공장 진출을 하고 있다. 매우 공격적이다. 이를 잘 살펴보면 이런 점에서 우리와 다르고 또 중국 기업이기 때문에 가능하지 않을까 하는 생각도 든다.

우선 EPZ은 수도인 다카나 제2의 도시 치타공 등 유명한 지역에서는 벌써 수용 능력이 없다. 그러나 방글라데시 북쪽이나 인도 접경 지역 등 항구나 수도에서 멀리 떨어진 지역에는 여전히 가용한 땅이 있다. 언뜻 보기에는 도시와 떨어진 오지이고 물류비용도 만만치 않을 것 같아서 접근하기 쉽지 않은데 중국 기업들은 벌써 그곳에 가 있는 경우를 보게 된다.

이들도 여러 가지를 따져 보았을 텐데 말이다. 속사정을 뜯어보면 이렇다. 수도인 다카에서 떨어져 있고 먼 거리로 인해 물류비용이 다소 들더라도 이점도 많다는 것이다. 첫째 임대료가 쌀 것이고. 둘째 인건비가 싸다. 물론 정부에서 정한 최저 임금 가이드라인이 있지만 주요 대도시와 인근에서나 지켜지는 것이고 이러한 국경지역에서는 비공식적인 방법으로 인건비를 30%까지도 줄이는 방법이 있다고 하니 그렇게 그곳까지 진출하지 않겠나 싶다.

그리고 대도시 인근 EPZ에 입주 가능한 부지가 없고 EZ은 아직 인프라 여건상 좀 더 기다려야 하니 EPZ이나 EZ 등 정부에서 공식적으로 지정한 정식 공단 이외에 외부에 입주하는 외국 공장들도 늘어나고 있다.

단순히 EPZ이나 EZ이 아니면 살아남지 못한다는 인식도 점점 잘못된 인식으로 봐야 하는 상황이 온 것이다. 열악한 방글라데시의 치안 등을 감안할 때 사실 EPZ이나 EZ에 들어가면 그 울타리 내에서 정부의 보호를 받으면서 안전하게 생산 활동을 할 수 있으며 은행 업무나, 물류 등 모든 편의가 어느 정도 안정적인 수준에서 제공된다고 볼 수 있다.

사실 과거에는 EPZ 이외의 지역에서 공장을 짓고 생산 활동을 하기에는 많은 어려움이 있었다는 것이다. 치안도 불안하고 심지어 인근 불량배까지 공장을 찾아와 뭔가를 요구하는 그런 상황이 생기고 EPZ 외부에서의 수출 관련 은행 업무나 물류 등은 열악하기 짝이 없었기 때문에 정식 공단을 선호하게 되었다. 그러나 최근에는 공단 외부에서도 이러한 치안 문제나 은행, 물류 문제 등이 많이 개선되어 공단 내외부를 크게 구분 짓지 않을 정도가 되었다.

물론 아직도 공단 내부가 보다 안정적인 상황이라고 할 수 있지만 국영 공단의 경우 오히려 정부의 각종 가이드라인을 엄격히 따라야 하는 등 공단 외부와의 비교에서 생산 비용이 더 많이 들어가는 경우가 발생하기도 한다.

그리고 기존 EPZ에 더 이상 수용가능한 공간이 없다는 것도 공식적으로는 그렇다고 할 수 있지만 속을 들여다보면 여지가 없는 것은 아닌데 예를 들어, 공장 가동 중단, 부도, 철수 등 여러 사정으로 빈 땅은 아니라도 기존의 빈 공장을 활용할 수 있는 방안도 있다. 이러한 정보에까지 접근하려면 어느 정도 소위 말하는 루트를 잘 타고 비공식적으로 접근하는 노력도 필요한 것이 현실이다.

그리고 EPZ이나 EZ이 아닌 외부에 공장을 짓고 운영하더라도 외국 기업으로서는 정식으로 FDI(외국인직접투자) 신고를 하면 EPZ이나 EZ과 동일한 세제 등 인센티브를 받을 수 있다.

5

나눔을 실천했어요,
뼈 있는 농담

자선 사업가나 NGO 관계자의 말이 아니다. 방글라데시의 어느 기업가가 한 말이다. 가난한 사람과 나누었다는 말이 아니다.

외국 기업이 방글라데시에 진출했을 때 겪게 되는 큰 어려움 중 하나가 대관업무다. 즉 공무원을 상대하는 일이다. 특히 각종 인허가 관련 업무는 진이 빠지게 한다.

진출 초기에 현지 법인을 설립하는 과정에서 현지 회계법인 등 컨설턴트를 통해 업무를 진행하는데 업무 대행 수수료가 컨설턴트 마다 다르다. 컨설턴트에게 대행 수수료가 비싸다고 항의하면 담당 공무원에게 제공되는 speed money가 들어가야 허가가 빨리 나온다고 한다. 수수료를 다른 곳과 비교해 보고 정말 비싼 수수료가 그렇게 쓰이는지도 체크해 볼 필요가 있다.

이곳 공항 대합실은 항공권과 여권이 있어야 출입이 가능하다. 그리고 입구에서 보안 검색이 바로 시작되어 대합실 출입문 앞에는 늘 대기자들의 줄이 길게 늘어진다. 출국을 위해 시간을 넉넉히 잡고 집에서 출발해도 최악인 다카 시내의 교통체증 때문에 가끔 발을 동동 구르는 경우가 생긴다. 거기다 공항에 도착하면 대합실 입구부터 긴 줄이 혈압을 더욱 끌어올린다. 이때 구원의 손길이 뻗쳐 온다. 돈을 내면 먼저 들여보내 주겠다는 제의다. 그렇다. 현지화 300다카(4,000원)를 내면 앞에 대기하는 모든 사람을 제키고 바로 입장이 가능하다. 영수증도 없다. 공항의 묵인 하에 이루어지는 것 같다.

이러한 어려움은 외국인들에게만 있는 것이 아니다. 자국민도 마찬가지다. 현지 여직원이 핀란드 남성과 결혼을 하게 되었다. 결혼 후 핀란드로 이주하기로 하고 결혼 신고에 필요한 서류를 준비하면서 어려움을 하소연하였다. 해외 비자를 얻기 위해 위장 결혼하는 사례가 있어서 그런지 이 여직원은 방글라데시 내에서 결혼한 적이 없었다는 것을 증명하는 서류를 관공서에서 발급받아야 했다. 우리나라는 그냥 가족관계 증명서나 호적 서류로 충분하겠지만 여기는 신고를 하지 않는 경우도 있고 행정 시스템도 미흡해서 이러한 서류 발급 신청이 들어오면 담당 공무원이 해당 여성의 고향을 방문해서 주위 사람들에게 일일이 탐문을 해서 사실혼 여부까지 확인 후 서류를 발급한다. 이 과정에서 돈을 요구하며 기간도 3개월이 걸렸다고 한다. 탐문을 통해 사실 관계를 확인하다 보니 공무원의 주관적 판단이 개입될 여지가 많아 울며 겨자 먹기로 당할 수밖에 없다.

필자도 현지에 진출한 한국 기업의 수입허가를 지원하기 위해 고위 공무원을 방문한 적이 있다. 해당 한국 기업의 현지 에이전트도 필자와 동행하고 싶다고 하여 같이 가기로 하였다. 그런데 방문 일에 또 다른 사람이 합류하였다. 결국 필자, 현지 에이전트, 또 다른 현지인 이렇게 3명이 같이 해당 공무원과 면담하였다. 열심히 한국산의 우수성과 한국과 방글라데시의 상호 긴밀한 협력관계를 강조했다. 제발 허가를 좀 내 달라고 말이다. 이야기는 잘 풀렸다. 그리고 필자도 준비해 간 홍삼 선물세트로 나눔을 실천하고 왔다. 면담이 끝나고 현지 에이전트가 데리고 온 또 다른 사람의 정체를 알게 되었다. 해당 고위 공무원의 친척이다. 가족 중심 문화가 특히 강한 방글라데시에서는 가끔 있는 일이다. 가문에서 누가 출세하면 그를 통해 친척들도 덕을 본다. 그날 면담의 일등 공신은 필자의 설명이나 홍삼세트도 아니고 그 친척의 역할이 제일 컸을지도 모른다. 가문 차원의 나눔을 통한 신속한 일처리를 노린 현지 에이전트가 마련한 고도의 전략이었다.

외국인 체류자들이 매년 갱신해야 하는 비자는 더 피곤한 일이다. 필요한 서류를 준비해서 이민국을 방문해도 대기 순번을 정해 주는 번호표도 없다. 무덥고 습한 날씨와 청결하지 않은 대기실에서 이름을 부를 때까지 무작정 기다린다. 그러다가 그날 순서가 돌아오지 않으면 내일 다시 오라고 한다. 정말 맥이 빠지는 일이다. 여기서도 당연히 speed money가 통한다. 개인 사업을 위해 체류 중인 외국인도 힘들겠지만 자선단체나 NGO 직원들은 더욱 힘이 빠질 것이다. 도와주러 왔는데 이런 일까지 당해야 하다니.

방글라데시 정부도 이러한 상황을 알고 있다. 그래서 매년 개선을 하기 위해서 다양한 시도는 한다. 최근에 투자청에서는 '원스톱 서비스'도 내놓았다. 여러 기관을 방문하지 않고 한곳에서 모든 것을 해결한다는 취지다.

희망은 보인다. 일전에 아는 사람이 이민국을 방문하여 비자 서류를 제출하는데 그곳 공무원이 규정에 없는 돈을 요구했다고 한다. 그런데 옆에 있던 동료 공무원이 나서서 돈을 요구한 공무원에게 정부에서 '원스톱 서비스'도 개시했고 뇌물을 받지 말라고 했는데 너는 왜 지시를 따르지 않느냐고 꾸짖었다고 한다. 그래도 방글라데시가 변하고 있는 것만은 사실이다.

서두에서 나눔을 실천했다는 기업가는 누구나 다 아는 현지 대기업 회장이다. 필자가 하루는 이렇게 힘든 기업환경에서 그동안 어떻게 헤쳐나와서 지금의 성공을 이루어 냈는지 그 비결이 뭔지 한마디만 해 달라고 했다. 대답은 정말 간단했다. "나눔을 실천했어요." 물론 농담이다.

6

에이전트,
'무역, 그까이 꺼 뭐'

방글라데시는 에이전트가 활동할 최적의 조건을 갖추고 있다. 모든 정부 조달 입찰에 현지 에이전트가 참여하게 되어 있다. 예를 들어 한국의 통신기기나 특수 차량 등을 정부에 납품하려면 우선 한국의 수출업체는 현지 에이전트를 지정해야 하며 이 에이전트가 입찰에 필요한 서류 작업과 로비까지 담당한다. 낙찰 받으면 공급계약서에 현지 에이전트도 공식적으로 표기되며 정부 발주처에서 지급하는 커미션까지 표기된다. 물론 에이전트는 공급업체로부터 별도의 커미션을 추가로 받게 되지만 정부 계약서에 에이전트 이름과 커미션 금액까지 명기될 정도로 공식화되어 있다는 뜻이다.

아직 공업화가 제대로 진행되지 않아 자국에서 생산되는 공산품이 거의 없어 대부분의 제품을 수입해야 한다. 경찰들이 사용하는 구두약, 벨트 등 아주 기초적인 소비재까지 수입한다. 이렇다 보니 해외 공급선을 물색하고 현지 제도나 관행에 맞는 서류 작업을 도맡아 해 줄 사람이 필요하다. 에이전트들이 이러한 역할을 하고 있다. 말하자면 수입 오파상인 셈이다.

이들은 자기 돈으로 물건을 수입하는 것이 아니고 물건을 파는 사람과 사는 사람을 중간에서 연결시켜 주는 역할을 하기 때문에 자금력이 없어도 상관없다. 전문 에이전트도 있지만 해당 발주처 퇴직 관료들이 직접 혹은 간접적으로 연관되는 경우도 많다.

이들이 모여서 협회를 만든 것이 BIAA(Bangladesh Indenting Agent's Association: 방글라데시 구매 에이전트 협회)다. 협회 홈페이지(http://biaa.org.bd)에 들어가 보면 조직 구성이나 회원 소개 등 아주 체계적으로 잘되어 있음을 알 수 있다. 모든 에이전트들이 여기에 가입하는 것은 아니지만 소속 에이전트들은 그만큼 활동을 많이 하는 비즈니스맨들이라 할 수 있다. 각 회원 소개란에 보면 연락처, 회사 소개 홈페이지 등이 있는데 이러한 연락처를 통해 관련 사업을 하는 에이전트에게 직접 거래 제의를 해 볼 수도 있다. 홈페이지에는 각 품목군별로도 에이전트를 분류해 두어 활용도가 높다. 다만 여기는 협회 소속 에이전트만 소개된 것이고 실제로 이들 이외의 수많은 에이전트들이 활동하고 있다.

이러한 단순 에이전트, 즉 우리에게 친숙한 용어인 브로커(Broker)는 수입상(Buyer, Dealer)과 구분된다. 수입상은 자신의 돈으로 물건을 직접 수입해서 이윤을 붙여 다시 팔아 매매 차익을 챙긴다. 최소한 LC를 오픈할 정도의 자금력이 있어야 한다. 그리고 물건이 안 팔리면 손해를 보지만 잘 팔리면 그만큼 더 이윤을 높게 가져갈 수도 있다. 에이전트와 수입상을 겸하고 있는 경우도 많다. 위의 구매 에이전트 협회의 에이전트들도 에이전트와 수입상의 역할을 같이하는 경우도 많다.

이들 에이전트와 수입상은 과연 얼마정도의 이득을 취하고 있는 것일까? 수입상들은 본인이 직접 수입을 해야 하니 부담이 큰 만큼 최소한 20% 이상의 마진은 붙여서 판다. 단순 에이전트의 커미션은 여러 나라에서 통상 5% 내외로 보고 있는데 방글라데시의 경우는 그 편차가 매우 심하다고 할 수 있다. 상관행이 표준화되어 있지 않고 각종 입찰 제도의 비정상적인 운영으로 리베이트 등 추가 비용이 발생하기 때문에 커미션은 더욱 높아진다. 물론 이 모든 비용은 물품 대금에 추가되어 수출자로서는 손해 볼 것은 없다. 우리가 보지 못하는 곳에서 에이전트와 발주처 혹은 회사 구매 담당자, 그들만의 또 다른 거래가 이루어진다고 보면 된다.

비교적 거래 규모가 크고 수출 대금 회수가 상대적으로 안정적인 정부 입찰은 인기가 많다. 여기서 해당 물품의 수입허가, 발주처와의 관계, 서류 작업 등을 담당하는 에이전트의 역할은 매우 중요하다. 경험 있고 능력 있는 에이전트가 성공의 핵심이다. 에이전트의 역할 중 무시할 수 없는 것이 발주처와의 관계인데 입찰 제도나 과정이 투명하지 않거나 비정상적으로 흘러가는 경우가 있기 때문이다. 이러한 불확실성을 극복하고 해결하는 것이 에이전트의 중요한 역할이라고 할 수 있다.

현지 에이전트들을 보면서 느끼는 또 다른 점은 우리보다 참 쉽게 에이전트가 되는 것 같다는 것이다. 한국에서 수입 에이전트, 오파상 하면 영어도 잘해야 하고, 무역실무도 통달해야 하고 뭔가 전문적인 것 같아 일반인이 접근하기에는 쉽지 않다. 그러나 방글라데시는 퇴직 관료도 쉽게 에이전트로 출발한다. 그리고 기존 회사원들도 쉽게 에이전트로 독립하거나 기존 회사에 소속되어 일을 하면서도 별도로 에이전트 일을 하기도 한다. 무역에 대해서 그렇게 두려움이나 거부감이 없다.

기본적으로 200년 이상 영국 식민 지배로 어느 정도 영어가 익숙한 점은 무시할 수 없을 것이다. 그리고 영국의 동인도 회사가 식민 지배 초기에 이곳 벵골 지방에 터를 잡고 사업을 시작했으니 조상 중에는 영국인을 도와 무역을 주업으로 한 사람들도 많았을 것이다. 학자 집안에 학자가 많이 나오고 사업가 집안에 사업가가 많이 나오는 이치와 같다고 하겠다.

우리나라는 주로 제조업을 통해 성장해 왔다. 자동차, 핸드폰, 반도체, 조선 등 세계 시장을 석권하고 있다. 이런 대표적인 품목이 아니더라도 수많은 중소기업들이 다양한 제품을 생산해서 판매하고 있으니 국산품으로 어느 정도 충당이 가능하다. 그러나 방글라데시는 인구 1억 7천만 명이 써야 하는 거의 모든 제품을 수입해야 하는 처지다 보니 필연적으로 수입 에이전트나 수입상들의 수요나 역할이 커질 수밖에 없는 구조다.

이렇게 놓고 보면 한국과 방글라데시는 서로 극과 극이지만 또 상호 보완적인 관계에 있다. 현지 수입 에이전트나 수입상들을 잘만 활용하면 수출에 큰 도움이 될 것이다.

7

다카국제무역박람회,
상상 그 이상

방글라데시의 수도 다카에서는 매년 1월 초부터 한 달간 국제무역박람회(DITF: Dhaka International Trade Fair)가 개최된다. 1995년부터 수출진흥청(EPB: Export Promotion Bureau)이 주관하는 박람회로 2020년까지 25회에 걸쳐서 개최되었으며 2021년은 코로나 사태로 열리지 못했다.

주로 B2C 형태로 일반 소비자를 상대로 하는 대규모 박람회이며 현장판매가 주를 이루는데 700여 개의 판매 부스를 포함하여 현지 대기업들이 거의 모두 홍보관을 구성하여 자사 제품 홍보와 함께 판매에까지 열을올린다.

그리고 국제무역박람회라는 명성에 걸맞게 인도, 미국, 영국, 일본, 중국, 독일 등 전 세계 20여개 나라의 제품관도 구성된다. 물론 삼성, LG도현지 대리점을 통해 홍보관을 구성한다. 전시 품목은 주로 일반 소비재

와 가전제품, 공산품 등으로 박람회 기간에 20~30% 저렴하게 구매할 수 있어 한 달 동안 그야말로 인산인해를 이루며 가족 단위의 나들이 장소 겸 쇼핑 그리고 음식까지 즐길 수 있는 축제 같은 행사다.

〈현장 참관객 모습〉

한 가지 놀라운 점은 참관객도 많고 규모도 크지만 산업도 발달하지 않고 아직까지 최빈국이라는 꼬리표를 완전히 떼지 못한 나라에서 대기업들의 홍보관은 어느 선진국 박람회에 내놓아도 손색이 없을 정도로 수준이 높다는 것이다.

그리고 현장에서는 소비자들의 소비 행태도 파악할 수 있는데 대부분 중국산이거나 자국산 제품으로 대동소이한데 그중에서도 이태리 등 유

식음료, 건축자재 대기업 AKIJ

가구 업체 HATIL

럽산 가정용품이나 품질이나 디자인이 조금이라도 특별한 수입품 부스에는 찾는 이가 더욱 많다. 이는 현지인들의 소득 수준이 높아지고 이러한 대규모 박람회를 통해 다양한 상품을 비교할 수 있는 기회가 생겨 저가 제품보다는 품질에 대한 관심이 높아지고 있기 때문으로 보인다.

이처럼 비즈니스의 꽃이라고 할 수 있는 박람회나 전시회에 대한 방글라데시 사람들의 인식이나 수준은 전반적인 경제발전 정도에 비하여 상당히 앞서가고 있다. 이러한 점은 앞으로의 국가 산업발전에도 매우 유리한 환경으로 평가되며 우리 기업들도 이러한 박람회를 적극 활용할 필요가 있다.

전문전시회로는 방글라데시 최대 산업인 섬유 관련 전시회로 섬유기술엑스포(Textech Bangladesh International Expo)가 있다. 개최 기간 내에 동일 장소에서 원사, 원단, 염색 등 섬유 관련 모든 제품을 망라하여 전 세계 1,300여개 기업이 참가하는 초대형 전시회다. 우리나라에서도

1,000개 업체 이상이 참가하는 전시회는 매우 드물다. 이 전시회를 주관하는 방글라데시 현지 전시 주최자는 CEMS(Conference and Exhibition Management Services)사로 방글라데시에 본사를 두고 뉴욕에도 지사를 두고 있으며 서남아시아, 북미, 남미 등지에서도 전시회를 개최한다. 이처럼 전시회 자체나 전시회 주최자들이 상당히 국제화되어 있고 외국 기업들과 일을 같이 하는데 있어서 영어를 통한 의사소통이나 국제적인 업무 스타일이 잘 갖추어져 있어서 전시산업의 미래가 밝고 국가 산업발전에도 상당한 기여를 할 수 있을 것으로 보인다.

포스트 차이나, 방글라데시가 깨어난다

8

젊은이들,
왜 한국 문화에 반하는가

보수적인 이슬람 국가인 방글라데시에서 한류는 생각보다 인기가 많다. 주로 젊은 층을 중심으로 급속히 확산되고 있다. 1억 7천만 명으로 전 세계 8위의 인구 대국인데 특히 아래 표에서 보듯이 10대, 20대 젊은 층의 인구가 많다.

이슬람 인구가 90%가 넘지만 독립 당시 제헌 헌법부터 세속주의를 표방하여 중동의 다른 나라에 비해 외부 문화를 받아들이는 데 거부감이 많지 않다.

한국의 노래, 춤, 드라마, 영화 등은 주로 10대, 20대 젊은 층을 중심으로 가족 혹은 친구 중 어느 한 명이 팬이 되고 나면 빠른 속도로 확산된다. 현재 자생적인 K-pop 페스티발이 연중 개최되는데 수천 명이 운집한다. 대사관에서 주관하는 한국 영화제는 항상 젊은이들로 넘쳐 난다.

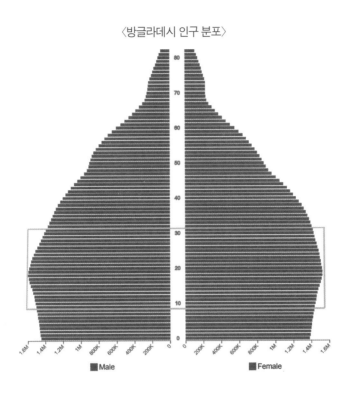

〈방글라데시 인구 분포〉

■ Male ■ Female

　　다카 시내에 있는 한국 식당도 인기다. 주로 비즈니스맨, 정치인, 관료를 중심으로 찾는 이들이 많은데 최근에는 젊은이들에게도 알려져 자신들에게 부담스러울 정도로 비싼 식당임에도 이들의 발길이 끊이지 않는다.

　　이렇게 한국 문화가 급속히 전파되는 이유는 방글라데시의 인터넷 환경이 그런대로 괜찮아 핸드폰만 있어도 쉽게 한국 문화를 접할 수 있기 때문이다. 사실 먹고사는 것이 급했던 방글라데시의 상황에서 젊은이들을 위한 문화 공간이나 콘텐츠는 기대할 수 없었다. 수업이 끝나면 집으

포스트 차이나, 방글라데시가 깨어난다

로 직행하고 주말이면 가족과 시간을 보내며 주로 잠을 보충하는 갑갑한 상황에서 언제 어디서든 쉽게 외부 세계와 연결될 수 있는 인터넷 환경은 신선한 바람이었고 마침 세계를 휩쓸고 있는 한류를 접하고 열광하게 되는 것이다.

또한 세속주의를 표방한 이슬람 국가이지만 기본적인 정서는 여전히 보수성이 강한데 서양의 문화는 그들에게 너무 개방적이라고 여겨진다. 그리고 뭄바이를 중심으로 서남아시아에 퍼져 있는 볼리우드(Bollywood) 문화도 그들이 보기에는 너무 나갔다. 이들이 한국 드라마에 빠져드는 이유는 가족물이나 로맨스물이 많으며 거기에 극적인 스토리 구성이 한몫한다. 가족 내에서 연장자를 존중하고 가족 구성원 간 유대관계를 중시하는 대목에서는 서양 드라마에서 느낄 수 없는 강한 정서적인 유대감을 가진다. 한국인과 자신들의 유사성을 발견하는 것이다. 그렇게 한국의 가수나 배우는 방글라데시 젊은이들의 우상이 되고 그들의 일거수일투족은 늘 관심거리가 된다. 그들의 라이프 스타일, 입는 옷, 바르는 화장품까지 따라한다.

이러한 추세에 힘입어 최근에는 한국 화장품에 대한 인기가 하늘을 찌르고 있다. 그동안 번듯한 한국 화장품 전용 매장도 없었는데 이제는 다카 시내 최고의 쇼핑몰 1층, 최고의 자리에 한국 화장품 매장이 들어섰다. 그리고 온·오프라인 매장을 통해 한국 화장품과 미용용품은 불티나게 팔려 나가고 있다.

〈Jamuna Future Park 쇼핑몰 내 한국 화장품 매장〉

이처럼 문화의 전파는 그 자체로 의미가 있지만 비즈니스 측면에서도 매우 중요하다. 정치, 경제적인 취향이나 파트너는 서로 맞지 않으면 언제든지 갈라서고 떠날 수 있다. 그러나 기본적인 의식주를 중심으로 인간의 생각과 행동 양식을 지배하는 문화는 한 번 맛들이면 헤어날 수가 없다. 이들은 화장품으로 시작해서 한국의 핸드폰, TV, 냉장고, 세탁기 그리고 한국 음식에 이르기까지 다양한 분야에서 한국 제품에 열광하게 될 것이다.

이들의 한국에 대한 문화적인 유대감과 욕구를 비즈니스 측면에서도 어떻게 연결할 수 있는지 연구해야 한다.

포스트 차이나, 방글라데시가 깨어난다

9

베트남을 놓쳤다면,
방글라데시를 잡아라

2021년 6월, HSBC 은행은 CNBC 방송을 통해 "방글라데시 주식 시장은 베트남의 5년 전과 같다."라고 했다. 방글라데시에는 상장 회사가 300개를 조금 넘기고 있는데 이 중 시총 최상위 30개 기업을 모은 DS30 Index는 지난 1년간 65%나 상승했다. 이들 대기업 중에 '숨은 진주'가 있다. 경제가 폭발적으로 성장하고 있으니 앞으로 어떤 기업이 어디까지 갈지 기대가 된다.

경제 분야에 있어서 지난 반세기 동안 세계적으로 가장 극적인 변화는 기존의 미국 위주의 세계 경제의 축이 아시아로 이동했다는 점이다. 중국이 세계 경제의 새로운 축으로 부상했다. 중국 이전에 일본의 경제가 전 세계에 주목을 받은 적이 있었고 한국도 경제 기적을 이루어 냈다. 이러한 세계 경제 중심의 대이동에서 최근에 수혜를 톡톡히 보고 있는 두 나라가 있다. 바로 베트남과 방글라데시다. 왜냐하면 글로벌 기업들의 밸류체인 변화와 맞물려 가장 큰 혜택을 보고 있거나 앞으로 볼 수 있는 나라이기 때문이다.

이 두 나라 모두 젊은 인구 비중이 높아 노동력이 풍부하다. 그리고 지리적 이점도 가지고 있다. 방글라데시는 인구 15억의 중국과 13억의 인도 사이에서 자국민까지 합쳐 인근에만 30억 명의 거대 시장을 확보하고 있다. 또한 아세안(ASEAN) 국가들과도 교류를 확대하고 있다. 베트남역시 중국과 지리적으로 직접 연결되고 아시아 지역에서 긴 회랑을 형성하고 있다. 이들 두 나라는 최근 중국의 인건비 상승, 미중 무역분쟁 등으로 생산 기지 이전을 고민하는 글로벌 기업들의 주목을 받고 있다.

우선 당장은 중국과 지리적으로 직접 연결되어 있는 베트남으로 투자가몰리고 있다. 특히 중국과 인접한 베트남의 박닌성은 전국에서 가장 낙후되고 작은 지역에서 삼성전자 등 다국적 기업들의 투자 러시로 세계적인 생산기지로 탈바꿈했다. 최근에는 중국 기업들까지 몰려오는 바람에 인건비는상승하고 앞으로 잉여 노동력이 얼마나 공급될지 고민해야 하는 상황이다.

이에 비해 방글라데시는 베트남보다 2배에 달하는 인구에 풍부한 잉여노동력을 바탕으로 인건비가 적절히 통제되고 있다. 현재 제반 제조비용이 베트남의 70% 수준으로 앞으로도 급격한 변화는 없을 것으로 보여 베트남 이후 새로운 후발 투자처로 주목받고 있다. 다만 첨단 기술이 필요한 제품, 관련 부품 공급이나 후방 산업이 충분히 발달해야 하는 제품은예외가 될 수 있다. 또한 중국처럼 그 나라의 거대한 내수 시장을 보고 진출한 경우에는 여전히 중국에 남는 기업도 있을 것이다.

그러나 시간이 지날수록 기존 투자처에서의 인건비 상승, 각종 규제 등으로 여러 압박에 시달리는 경우나 특히 방글라데시 내수 시장의 폭발적인 성장에 이끌려 방글라데시로 향하는 기업도 늘어날 것으로 전망된다. 벌써 일본, 중국, 인도는 정부 차원에서 방글라데시 현지의 자국 전용 산업단지 건설에 박차를 가하고 있으며 일본 정부에서는 중국에서 방글라데시로 이전할 일본 기업들의 명단을 정리하고 있는 상황이다.

이처럼 최근 방글라데시에 대한 여러 나라 정부나 다국적 기업들의 관심이 높아지고 있으며 세계적인 금융기관이나 은행들도 앞으로의 방글라데시를 주목하고 있다.

〈향후 주요 국가의 경제 규모 변화 예측〉 (자료: HSBC 은행)

PROJECTED RANKING CHANGES BY 2030 COMPARED WITH 2018

BIGGEST ECONOMIES (IN 2030)		BIGGEST RISERS	
COUNTRY	RANKING CHANGE	COUNTRY	RANKING CHANGE
China	+1 (2 to 1)	Bangladesh	+16 (42 to 26)
US	-1 (1 to 2)	Philippines	+11 (38 to 27)
India	+4 (7 to 3)	Pakistan	+10 (40 to 30)
Japan	-1 (3 to 4)	Vietnam	+8 (47 to 39)
Germany	-1 (4 to 5)	Malaysia	+ 5 (34 to 29)

위의 자료에서 보듯이 HSBC는 향후 10년 동안 경제성장이 가장 활발히 일어날 국가로 방글라데시를 들고 있다. 2030년이 되면 GDP 기준으로 16단계를 뛰어올라 전 세계 26위의 경제 규모를 자랑하게 될 것으로 내다봤다. 39위인 베트남보다 높은 위치에 있다. 이는 지난 10년 동안 6~7%

이상의 지속적인 경제성장 추세와 코로나 직전 최근 2년간 실질적으로 전 세계 최고의 경제성장률을 기록한 것만 봐도 미루어 짐작할 수 있다.

이 대목에서 최근의 방글라데시와 베트남 양국의 경제현황에 대해 살펴보자.

〈방글라데시와 베트남 경제현황 비교〉 (자료: KOTRA)

( ) 안은 베트남

경제지표/연도	2016	2017	2018	2019	2020
경제 성장률(%)	7.2(6.2)	7.5(6.8)	7.9(7.1)	7.3(7.0)	5.2(2.9)
명목 GDP (십억$)	235.6(201.3)	247.2(220.4)	288.4(241.3)	317.5(261.6)	341.0(343.0)
1인당 명목 GDP($)	1,459(2,172)	1,466(2,353)	1,602(2,551)	1,906(2,739)	2,064(3,521)
정부 부채 (% of GDP)	33.3(59.6)	32.6(58.2)	34(55.6)	34.6(55.0)	39.6(55.3)
물가상승률 (%)	5.9(2.7)	5.4(3.5)	5.6(3.5)	5.5(3.6)	5.6(3.2)
실업률(%)	4.4(2.3)	4.4(2.2)	4.3(2.2)	4.2(2.2)	4.2(2.3)
수출액 (백만$)	34,136(176,580)	35,911(215,118)	37,563(243,483)	36,666(264,189)	33,674(281,471)
수입액 (백만$)	40,366(174,978)	42,384(213,215)	44,249(236,687)	50,614(253,070)	48,484(262,407)
무역수지 (백만$)	-6,230(1,602)	-6,473(1,903)	-6,686(6,795)	-13,948(11,118)	-14,810(19,064)
외환 보유고 (백만$)	31,797(36,527)	32,872(49,075)	31,475(55,452)	32,689(78,334)	43,167(81,120)
이자율(%)	6.75(6.5)	6.7(6.2)	6(6.2)	6(6)	6(6)
환율 (자국통화)	78.47(21,935)	80.44(22,370)	83.47(22,602)	84.45(23,050)	84.95(23,125)

우선 경제성장률에서 최근 5년간 방글라데시가 베트남을 계속 앞서고 있다. 2019년의 경우 방글라데시 경제성장률이 위의 표에서는 7.3%로 되어 있는데 세계은행이나 IMF에서는 8% 이상으로 집계하고 있으며 전 세계 1위를 달리고 있다.

국내 총생산(GDP)의 경우, 그동안 방글라데시가 계속 베트남을 앞서 왔다. 2020년에는 베트남의 GDP가 크게 상승해서 서로 비슷한 수준을 유지했다. 우리에게 방글라데시는 최빈국이라는 이미지가 있어서 GDP 또한 아주 적을 것으로 생각한다. 그러나 한 나라의 경제 규모를 가늠할 수 있는 GDP에서 방글라데시가 베트남보다 크다고 볼 수 있다. 앞에서 HSBC가 소개한 보고서에 의하면 방글라데시의 성장률이 앞으로도 지속 적으로 고공 행진을 유지해서 2030년에는 현재의 42위에서 26위로 오르고, 베트남은 현재 47위에서 39위에 그칠 것으로 내다봤다.

여기서 특히 주목해야 할 점은 통상 그 나라의 대기업들이 GDP의 상당 부분을 차지하고 있다는 점이다. 방글라데시 역시 주요 대기업들의 거래 규모를 최빈국 기업이라는 이미지로 무시해서는 안 된다. 일례로 최근에 Akij라는 그룹에서 담배공장을 일본 기업에 매각했는데 매각 대금은 15억 불(1조 7천억 원)에 달한다. 그리고 연간 매출 10억 불 이상 되는 다수의 대기업들도 매년 사업을 확장해 가고 있어서 이들과 어떻게 사업적으로 협력해 나갈 것인지를 고민해야 한다.

1인당 국민 소득의 경우는 베트남보다 방글라데시가 낮다. 이제 겨우

2,000불에 올라왔다. 여기서도 생각해 볼 점은 또 있다. 인구를 고려해야 한다. 방글라데시 인구는 1억 7천만 명이다. 베트남은 9천 7백만 명이다. 방글라데시 인구가 베트남의 거의 2배 수준이다. 인구가 많다는 것은 그만큼 많이 먹고 많이 소비한다는 이야기다. 시장 규모로 볼 때 방글라데시가 베트남보다 더 유리한 대목이다. 베트남과 태국의 인구를 합쳐야 방글라데시 정도가 된다. 다르게 비교를 해 보자면 우리가 잘 아는 미얀마, 캄보디아, 라오스, 베트남 이들 4개 국가의 인구를 합쳐야 겨우 방글라데시 인구 규모가 된다.

너무 단순화하는지는 모르겠지만, 국경으로 나뉘어져 있고 법도, 제도도, 관습도 다른 4개 나라에 가서 복잡하게 고생하는 것보다 자원이 한정되어 있다면 그냥 방글라데시 한 나라에 집중하는 것이 훨씬 효율적일지도 모른다. TV 광고를 해도 그렇고 물류 측면에서도 그렇고 현지 대리점 관리 측면 등 여러 면에서 이점이 있다. 법도, 제도도, 관습도, 언어도 같은 단일 시장이니 같은 노력으로도 그만큼 작은 시장보다 3배, 4배의 효과를 볼 수도 있다는 것이다.

다음으로 방글라데시의 정부 부채는 거의 30%대를 유지하고 있는데 이는 베트남의 50%대에 비하면 매우 낮은 수준이다. 이 정도 부채 수준은 전 세계적으로도 매우 낮은 정도다. 방글라데시와 자주 비교되는 파키스탄의 경우 정부 부채가 80%를 넘는다. 이렇다 보니 파키스탄은 IMF 구제 금융에 자주 의존하게 되고 경제개발을 위한 외국 차관 도입은 꿈일 뿐이다. 그러나 방글라데시는 중국, 일본, 인도뿐만 아니라 세계은행, 아시아개발은행 등 전 세계 금융기관에서 경제개발 차관 제공에 아주 적극적이다. 앞으로 방글라데시 경제개발 가능성을 더욱 밝게 해 주는 대목이다.

수출, 수입액은 베트남이 훨씬 많다. 이는 삼성전자 등 외국 투자기업들의 생산 기지로 베트남이 자리 잡았기 때문인데 방글라데시는 베트남의 이러한 부분을 따라잡고 싶어 한다. 글로벌 기업들은 끊임없이 인건비, 규제, 생산 비용 등을 고려해서 생산 기지를 분산하거나 이동시키고 있다. 한때 중국이, 그다음 베트남이 그들의 눈에 들어왔다. 그러나 이제 중국은 더 이상 매력을 잃고 베트남도 인건비 상승 등 비용적인 측면에서 유리한 상황이 아니다. 이제 또 대체 생산 기지를 찾아 나설 수밖에 없다. 방글라데시 정부는 이러한 수요를 노리고 있는 것이다.

방글라데시의 무역수지는 매년 마이너스다. 2020년에는 148억 불 적자다. 그러나 이러한 적자를 보전할 자금줄이 있다. 해외 근로자 송금이 그것인데 인구가 많다 보니 해외에 파견된 근로자도 많다. 천만 명이 해외에서 일하고 있다. 우리나라에도 코로나 이전에 매년 2,000명 정도의 방글라데시 근로자들이 들어왔다. 방글라데시 최저 임금이 100불인데 우리나라에 오면 가족도 없고 오로지 일만 하니 잔업과 휴일 수당까지 합치면 매월 3,000불 이상 번다. 방글라데시 월급의 30배가 넘는다. 이걸 몇년 동안 고국으로 착실하게 보내면 그야말로 로또 이상의 근로 소득을 얻는 셈이다. 이렇게 전 세계에서 방글라데시로 매년 유입되는 달러가 무역수지 적자를 보전하고 있는데 2020년에는 210억 불이 들어왔으니 적자를 메꾸고도 남았다.

마지막으로 투자 진출 기업으로서는 신경이 쓰일 수밖에 없는 환율을 살펴보면 지난 3년간 방글라데시 환율은 매우 안정적이며 앞으로도 큰 변동은 없을 것으로 전망된다.

이 장의 첫머리에 "방글라데시의 주식 시장은 베트남의 5년 전과 같다."라고 했다. 펀드 매니저나 투자가의 입장에서도 5년 후의 방글라데시가 어떻게 변화되어 있을지 매우 궁금할 것이다. 방글라데시의 'GDP 대비 시총 비중'이 현재 14%이다. 보통 50% 이하이면 저평가, 그 이상이면 고평가로 본다. 우리나라의 경우 증시가 호황일 때는 90%까지도 올라갔었는데 이때는 경계를 해야 한다. 방글라데시는 지금 초저평가 상태인데 앞으로의 경제성장 전망치까지 감안할 때 투자자의 관점에서 새롭게 접근해 봐야 하지 않을까 싶다.

참고로 방글라데시는 현재 300개가 조금 넘는 기업이 상장되어 있으며 시총 10억 불 이상이 7개 회사다. 그런데 많은 대기업이 기업 공개를 통한 상장을 꺼린다. 가족 단위의 경영이 대부분을 차지한다. 이는 영국 식민지 그리고 독립 이후 처음부터 차(tea), 담배, 수산업 등을 통해서 가족 단위의 자본 형성을 기반으로 기업이 성장했고 이후 수차례의 쿠데타와 정치 불안으로 정권이 바뀔 때마다 불이익을 당하는 경우가 많아 기업을 공개하기보다는 이렇게 가족 경영 형태로 흘러온 것 같다. 이러한 점에서 앞서 설명한 'GDP 대비 시총 비중'은 보완이 필요하다. 아무튼 이러한 비상장 주식도 많은 부분을 차지하고 있는데 이제 정치적인 안정과 경제발전을 기반으로 이 부분에 대한 제도권 내 편입도 향후 주목할 부분이다. 우리나라 증권사에서 베트남 투자 펀드도 인기가 많은데 앞으로 방글라데시 투자 펀드도 개발해야 하지 않을까 싶다.

어떤 새로운 투자처든 새로운 시장이든 그것이 증명되기 전까지는 누구나 긴가민가한다. 중국에 처음 진출할 때 베트남이 처음 문을 열 때도 그랬을 것이다. 앞으로 일을 알 수 없으니 100% 장담하고 투자를 결정한 사람은 없을 것이다. 공장 이전이든 새로운 법인 영업이든 하다못해 부동산 투자라도 처음에는 확신이 서지 않았을 것이고 그만큼 나서는 사람도 많지 않았을 것이다. 보고 판단할 자료가 없으니 당연하다. 그러나 한국의 산업발달과 투자기업의 성장, 중국 그리고 베트남 등 시차만 달리했을 뿐 경제성장을 하나의 매개체로 해서 거의 유사하게 기업의 수익성이 높아지고 부동산 가격이 폭발했다. 시차를 두고 각기 다른 나라에서 유사한 일들이 반복되었다.

우리는 다행히 먼저 이러한 일들이 일어난 한국에서 태어나 방글라데시인들보다 최소한 학습 효과는 더 있다. 학습 과정에서 더러는 놓친 것을 후회하고 실패를 가슴 아파했을 것이다. 초기에 들어가서 성공한 것보다 놓친 것에 대한 미련이 더 많다. 그러나 그만큼 경험과 공부는 쌓였을 것이다. 이제 그 학습 효과로 방글라데시를 노려 보는 것은 어떨지? 이미 다른 나라에서 성공해 본 경험이 있다면 당연히 더 유리할 것이다.

10

인프라 프로젝트,
경제발전의 원동력

지난 10년간 높은 경제성장률은 대규모 인프라 프로젝트의 추진으로 가능했다. 그리고 앞으로 8% 이상의 경제성장률을 유지하기 위해서 정부는 인프라 투자 비중을 지속적으로 확대해 나갈 전망이다. 'FY22 예산'[2]을 살펴보더라도 전체 재정지출 707억 불 대비 연차 개발 예산(ADP)[3]은 268억 불로 37.8%를 차지하고 있다. 이는 전년도보다 14% 증가한 규모다. 참고로 우리나라 등 각국의 SOC 예산은 통상 5% 내외이며 개발도상국인 인도네시아는 2021년 SOC 예산이 299억 불로 전체 예산 대비 15.2%를 차지하고 있어 방글라데시가 현재 인프라 개발 프로젝트에 어느 정도 집중하고 있는지 알 수 있다.

이를 반영하듯 우리나라 건설·엔지니어링사들의 방글라데시 진출도

---

2)   2021. 7. 1.~2022. 6. 30.

3)   Annual Development Program: 에너지, 통신 등 국가 인프라 프로젝트 개발 계획.

매우 활발하며 수주액 또한 그동안 우리나라 해외 건설 수주의 텃밭이었던 중동의 여느 나라를 제치고 단연 두각을 나타내고 있다. 최근의 수주액을 살펴보면 2019년에 우리 기업은 방글라데시에서 8억 불을 수주하였다. 이제 방글라데시는 우리에게 전 세계 8위의 건설 시장이 되었다. 2020년에는 코로나 상황에서도 17억 불(2조 원)을 수주하여 전년도보다 2배 이상 증가하였다.

〈한국 기업이 수행 중인 주요 프로젝트〉

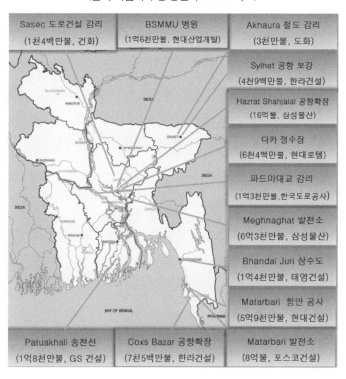

| Sasec 도로건설 감리 (1천4백만불, 건화) | BSMMU 병원 (1억6천만불, 현대산업개발) | Akhaura 철도 감리 (3천만불, 도화) |

Sylhet 공항 보강 (4천9백만불, 한라건설)

Hazrat Shahjalal 공항확장 (16억불, 삼성물산)

다카 정수장 (6천4백만불, 현대로템)

파드마대교 감리 (1억3천만불, 한국도로공사)

Meghnaghat 발전소 (6억3천만불, 삼성물산)

Bhandal Juri 상수도 (1억4천만불, 태영건설)

Matarbari 항만 공사 (5억9천만불, 현대건설)

| Patuakhali 송전선 (1억8천만불, GS 건설) | Coxs Bazar 공항확장 (7천5백만불, 한라건설) | Matarbari 발전소 (8억불, 포스코건설) |

코트라(KOTRA)에서도 2018년 이후 매년 다카 현지에서 '인프라 프로

젝트 로드쇼'를 개최하고 있으며 방글라데시 내 공공부문 주요 발주처를
모두 초청하여 국내 건설·엔지니어링 기업과의 네트워킹과 수주 상담을
지원하고 있다.

이 표에서 보듯이 우리 기업은 공항, 발전소, 수(水)처리, 항만개발 등
의 분야에서 공사를 직접 수행하고 있다. 그리고 도로, 철도, 교량 분야에
서는 공사를 하기보다는 설계, 감리 등 엔지니어링 서비스를 제공하고 있
는데 공사는 주로 중국 기업들이 수행하고 있다. 중국 기업은 단순 프로
젝트를 저가로 수주하거나 대규모 중국 차관이 투입된 프로젝트를 자기
들 몫으로 챙기고 있다. 2020년에 중국 정부는 115억 불 규모의 차관을
제공하기로 협약하고 양국 간에 추진 대상 프로젝트를 확정하였다. 2016
년 시진핑 주석이 방글라데시를 방문할 당시 5년간 260억 불의 차관을
제공하겠다고 약속했는데 그 약속을 이행하는 과정에 있다.

일본도 2014년 아베 총리가 방문해 50억 불의 신규 차관을 약속한 적이
있으며 현재까지 총 120억 불의 차관을 제공했다.

우리나라는 장기 저리 차관인 EDCF(대외경제협력기금) 자금을 지금
까지 12억 불을 제공하였다. 이 자금은 개발도상국의 경제발전을 지원하
는 목적이 있으며 방글라데시에 대한 지원 규모는 전 세계에서 베트남에
이어 2번째다.

이렇듯 각국이 인프라 개발 차관 제공에 열을 올리는 것은 앞으로 개

발 가능성이 어느 나라보다 높은 방글라데시에 대한 관심이 그만큼 높기 때문이다. 또한 방글라데시 정부의 자체적인 재정이 충분하지 않은 반면에 GDP 대비 낮은 공공부채와 낮은 대외부채로 거시경제의 건전성을 보이고 있기 때문이다. 이러한 상황에서 중국, 일본 등 개별 국가 단위 혹은 세계은행(World Bank), 아시아개발은행(ADB) 등에서도 차관 지원을 아끼지 않고 있다.

인프라 개발 부문 세계 경쟁력지수에서 방글라데시는 총 138개국 중 114위에 머물러 있을 정도로 앞으로 가야 할 길이 멀다. 참고로 인도가 68위, 베트남이 79위다. 이러한 이유로 정부에서는 매년 대규모 인프라 프로젝트에 막대한 예산을 투입하고 있으며 전체 예산 대비 SOC 투자 예산이 다른 개도국에 비해서 2배 이상이다. 그만큼 우리에게는 기회가 많은 건설 시장인 셈이다.

방글라데시 정부는 자체적인 재정 부족으로 일찍부터 PPP(민관협력사업) 추진에 관심이 많았다. 국가의 실세인 현재의 총리가 2010년 한국을 방문했을 때 한국의 도로, 교량, 터널 등 우수한 인프라에 주목했고 이러한 시설이 정부 재정이 아닌 민간 자본으로 추진될 수 있다는 것을 듣고 감명을 받아 한국의 사례를 공개적으로 자주 언급했다고 한다. 방글라데시 정부 재정 상태를 감안한 획기적인 해결책 중 하나로 여겨졌을지도 모른다. 'PPP 정책 및 전략 수립' 착수가 2010년부터인 점을 감안하면 총리의 한국 방문 시 경험담은 사실일 가능성이 매우 높다.

이후 2011년에는 다카 시내에 고가도로 하나를 PPP 프로젝트로 추진하고자 외국 사업자까지 선정하고 총리가 참석한 가운데 기공식도 거행했었다. 그러나 결국 이 사업은 추진되지 못했다. 업계에서는 실패의 원인으로 투자 결정을 위한 기초적인 데이터의 부족, 정부 부처의 명확한 업무 분장의 부재, 입찰 등 관련 행정 절차의 불투명 등을 들고 있다. 이후 2015년에는 정식으로 PPP청을 신설하고 본격적으로 사업을 추진하고 있으나 성과는 아직까지 미미한 수준이다. 우리나라에서는 한국해외인프라도시개발지원공사(KIND)가 방글라데시 PPP청과 협력하여 고속도로, 도시외곽 순환철도, 송전선로, 교량 건설 등의 사업 우선권을 확보한 상황이며 75억 불에 달하는 다카 지하철 사업도 언급되고 있다.

다만 우리 정부 관련 기관이나 민간 기업에서 PPP 공사든 일반 경쟁 입찰이든 방글라데시 현지 실정을 감안해서 유의해야 할 점도 많은데 몇 가지를 정리하면 다음과 같다.

우선 현지 행정 부처의 의사결정 지연 혹은 늦은 업무 처리를 들 수 있다. 정부 발주처에서 최종 입찰자 선정을 지연하거나 입찰 규모 및 공사 일정을 비현실적으로 설정하는 경우가 있다.

입찰 과정의 불투명성도 문제다. 때로는 전혀 자격이 없거나 기술적으로 문제가 되는 기업이 선정되는 경우도 있다. 뒤에서도 소개 되지만 자격 없는 중국 기업이 2020년에 2억 5천만 불의 공항 활주로 확장 공사 입찰에서 우선 협상 대상자로 선정된 적이 있다. 이 기업은 발주처에 뇌물을 주다가 적발되어 2018년 당시 블랙리스트에 올라 이후 방글라데시 정부 프로젝트에 참가할 수 없다고 정부가 발표한 기업이었다. 결국 활주로 확장 공사는 입찰 참여 기업들의 항의로 재입찰에 들어갔다.

그 밖의 사업 지연 요인은 토지 인수 지연, 기본 인프라(전기, 용수 등) 공급 미흡, 경험 및 준비 부족, 수익 배분 협의 갈등, 민간의 조세 회피 성향 등이 있다.

또한 정부 차원의 토지개발 계획, 교통망 지도, 교통 통계 등의 기본적인 국가 정보가 정확히 구축되지 않아 미래 수요 예측이나 경제효과 분석이 어려운 점도 감안해야 한다.

각종 공공요금 징수 시에는 낮은 사용요금과 미흡한 징수체계, 관리 당국 부재가 문제시되곤 한다. 그리고 특히 중앙정부, 국회, 지방정부 등 너무 많은 주체가 발주처나 프로젝트 관련 기관에 영향력을 행사하여 안정성과 효율성에 부정적인 영향을 끼치기도 한다.

사실 이러한 여러 가지 문제점들로 인해 그동안 제대로 된 PPP 사업이 진척되지 못했으므로 사업 추진 시에는 반드시 이러한 요소들을 감안해서 해당 프로젝트의 수익성과 타당성 그리고 적절성을 따져 봐야 한다.

이번에는 현지에서 한국 엔지니어링사들이 어느 정도 역할을 하고 있는지 소개하고자 한다. 한때 우리 건설 수주의 텃밭이었던 중동에서는 타당성 조사, 설계, 감리 등의 엔지니어링이나 컨설팅 작업을 유럽이나 미국 회사들이 담당하고 우리 기업들은 주로 건설 부문(EPC)에 집중하였다. 그러나 방글라데시에서는 프로젝트 계획 초기 단계부터 한국 엔지니어링사들이 참가하고 있어 지난 중동 시장과는 성격이 완전히 달라졌으며 이는 건설 프로젝트 수주에도 우리 기업에게 유리한 상황이 될 수 있다. 건설 프로젝트 수주에 관심 있는 국내 건설사라면 우선 현지에 이미 진출해 있는 국내 설계, 감리 회사 즉 엔지니어링, 컨설팅사들을 찾아 서로의 관계를 돈독히 하는 것도 좋은 방안이 될 수 있다.

그동안 중동을 비롯한 세계 시장에서 엔지니어링, 컨설팅 분야를 주름잡았던 미국, 유럽 회사들이 방글라데시에서 힘을 쓰지 못하는 이유는 비싼 용역료 등 가격 경쟁력의 문제도 있지만 방글라데시에서의 불투명한 입찰관행과 그들의 높은 Compliance(준법의무)가 서로 상충되기 때문이기도 하다.

이러한 상황에서 최근 가격 경쟁력도 있고 Compliance 측면에서도 상당히 자유로운 중국 기업들이 대거 건설·엔지니어링 분야에 진출하고 있다. 그러나 경험과 기술력이 필요한 고급 엔지니어링 분야에서는 아직 한국을 따라오지 못하고 있다.

현지의 불투명한 입찰 관행에 빌붙은 중국 기업들의 행태는 우리 기업들의 수주 활동에 장애가 되고 때로는 큰 이슈로 부각되기도 한다. 낙찰이 유력한 프로젝트에서 도저히 이해할 수 없는 결과로 탈락하는 우리 기업들의 하소연도 가끔 듣게 되는데 이러한 관행이 영향을 미친 경우라고 할 수 있다.

한번은 중국 건설사가 도로교통부 차관 사무실에서 직접 뇌물을 건넸다가 큰 이슈가 된 적이 있다. 수도인 Dhaka와 북쪽 대도시 Sylhet을 잇는 214km 고속도로를 건설하는 프로젝트에 참가하던 중국 건설사 직원이 담당 공무원에게 녹차 박스로 포장한 미화 현찰 7만 불을 건넸다. 차관은 고민하다가 이것을 총리에게 보고했고 총리실은 중국 대사관을 통해 뇌물을 회수해 갈 것을 요청했다. 사실 이 프로젝트는 중국 정부 차관으로 추진되는 것이어서 중국 건설사의 지정과 관련 업무 추진은 중국 정부와 중국 대사관의 영향권 아래 있었다고 본다. 이 일로 동 프로젝트는 취소되고 해당 중국 건설사는 블랙리스트에 올라 향후 방글라데시 입찰에 참가할 수 없게 되었다.

뇌물을 준 이유는 이렇다. 중국 정부 차관으로 추진되는 이 고속도로의 공사비를 중국 회사는 처음에 20억 불로 요청했다. 그리고 나중에 12억 불까지 낮추었다. 그러나 방글라데시 정부는 11억 불에 하자고 요구했다. 중국 회사는 공사비를 최대한 부풀리기 위해 뇌물을 동원한 것이었다.

방글라데시에 재정 지원을 가장 많이 하고 있는 국제기구는 단연 세계은행(World Bank)이라고 할 수 있다. 그동안 300억 불 이상을 지원했으며 대부분 인프라 개발 부문에 투입되었다. 우리 기업들의 관심이 많은 정수장, 폐수 처리장 등이 여기에 포함되며 앞으로 발주될 폐수 처리장만 해도 10억 불 이상이 된다. 그리고 아시아개발은행(ADB)도 그동안 170억 불 이상을 지원했는데 주로 도로, 철도, 전력설비 등에 지원하고 있다.

우리 기업은 주로 이러한 국제기구의 자금으로 추진되는 프로젝트를 선호한다. 다시 말해 방글라데시 정부 자체 예산, 즉 현지화로 공사 대금이 지불되는 프로젝트보다는 국제기구에서 달러화로 공사 대금이 책정되고 집행되는 프로젝트를 좋아한다. 이는 방글라데시 내에서 현지화를 외화로 환전한다든지 해외로 송금하는 절차가 너무 까다롭고 힘들기 때문이다. 그리고 프로젝트 추진 시 현지 발주처의 무리한 요구나 부당한 처사가 있을 경우 제3자이지만 자금줄을 쥐고 있는 국제기구의 도움도 어느 정도 기대할 수 있기 때문이다.

방글라데시에서 역사상 가장 큰 공사는 현재도 진행 중인 길이 6km인 파드마 대교 건설이다. 총 공사비는 27억 불 정도인데 2012년 당시 세계은행(World Bank)이 자금을 지원하기로 했다가 관련 공무원들의 부정부패가 드러나 자금 지원을 철회하였다. 이후 방글라데시 정부 자체 예산, 아시아개발은행(ADB) 자금 등을 고려하다가 결국 큰손 중국이 나서면서 대부분의 예산을 중국의 차관으로 공사를 진행 중이다. 당연히 건설 공사는 중국 기업이 맡고 있다. 감리는 한국도로공사가 수행 중이며 현재 완공 단계에 있는 이 교량을 준공하고 난 후 유지관리 용역까지 우리나라의 한국도로공사에서 수행하게 될 전망이다.

방글라데시의 발전에 이 교량이 주는 의미는 대단하다. 앞 부문에서 소개한 우리 기업이 추진 중인 프로젝트 현황 도표에 표시된 파드마 대교의 공사 위치를 보면 알겠지만 현재는 이 다리 동쪽에 모든 프로젝트가 집중되어 있고 다리 건너 서쪽에는 우리 기업이 수행 중인 프로젝트도 전무한 것을 알 수 있다. 그만큼 다리 밑을 흐르는 거대한 물길이 인간의 이동을 막았다는 증거다. 이 강은 동쪽 인도에서 흘러오는 2,500km 길이의 갠지스강과 서쪽 티베트에서 발원한 2,900km 길이의 브라마푸트라강이 방글라데시에서 만나서 만들어졌다. 수천 년, 수만 년 거대한 강물로 막혔던 동과 서가 이제 이어지는 날이 임박한 것이다. 이 다리의 개통으로 그동안 잠들어 있던 방글라데시 서쪽 절반도 개발되어야 하니 앞으로 건설 프로젝트는 마르지 않는 강물처럼 차고 넘칠 것 같다.

〈파드마 대교 건설 현장〉

11

포스트 차이나,
방글라데시가 깨어난다

코로나 이후 글로벌 밸류체인의 변화 측면에서 방글라데시를 살펴보자. 글로벌 기업들은 끊임없이 값싼 노동력과 비용절감이 가능한 생산기지 확보에 촉각을 곤두세운다. 영국의 산업혁명 이후 근대화된 대규모 공장들은 대서양을 건너 미국으로, 그다음 태평양을 건너 일본으로 넘어왔다. 1980~1990년대 '메이드 인 코리아'가 세계 시장을 석권하면서 우리 경제도 한때 최고의 호황을 누렸다. 이후 중국으로 넘어간 생산 기지는 지난 20년 중국의 초고속 경제성장을 뒷받침했다. 그러나 이제 중국마저도 인건비 상승, 투자 인센티브 감소, 각종 규제 등으로 매력을 잃고 미국과의 통상 마찰까지 겹치면서 중국을 중심으로 한 글로벌 밸류체인에도 금이 가기 시작했다.

물론 방글라데시를 이야기할 때 반도체나 미래 자동차 등 첨단산업의 밸류체인을 말하는 것은 아니다. 가격 경쟁력이 중요한 섬유산업이나 조립 생산 혹은 가공 중심의 밸류체인의 변화를 이야기하는 것이다. 이 정도 변화도 무시할 수 없는 어마어마한 개발 잠재력을 가진다. 거기에 더하여 1억 7천만 명의 거대한 인구를 중심으로 한 내수 시장이 열리고 있어 방글라데시로의 완제품 수출보다는 현지에서의 가격 경쟁력을 높이기 위한 현지 생산 시스템은 또 다른 밸류체인으로서의 가치를 지닌다.

지난 3년 사이에 우리나라를 대표하는 삼성과 LG의 핸드폰과 가전제품이 현지 조립공장을 통해 생산되고 시작했고 현대자동차 조립생산 공장도 건설 중에 있다. 방글라데시 건국 이후 지난 반세기 동안 없던 일들이 이처럼 최근 몇 년 사이에 일어나고 있다.

세계의 공장으로서 중국이 밸류체인으로서의 가치를 잃어 가고 베트남도 급격한 인건비 상승, 인력난 등으로 한계 상황에 근접하고 있는 지금 방글라데시가 또 다른 대안이 될 수 있다. 비록 방글라데시가 그동안 중국이나 베트남에 뒤쳐진 것은 사실이지만 지금의 중국이나 베트남의 상황을 고려하면 향후 투자나 진출 대상으로 방글라데시를 고려하지 않을 수 없다.

사실 방글라데시는 과거에 경제적으로 급성장할 중요한 기회를 베트남에게 뺏긴 적이 있다. 지금 베트남 경제에서 삼성 그룹이 차지하는 비중은 어마어마하다. 전체 수출 비중의 30%를 차지하고 있다니 말이다. 삼성전자가 처음에 베트남을 제조 기지로 낙점하기 전에 방글라데시에 고위급 임원을 포함한 투자 조사단을 파견했다. 이미 영원무역이라는 전

설적인 성공 스토리가 전해지는 나라여서 고려 대상에서 빠져나갈 수는 없었을 것이다. 그러나 당시 조사단의 방문 결과는 그리 만족스럽지 못했던 것 같다. 무더운 날씨에 회의실의 전기는 오락가락하고 공장 부지 임차료, 세제 혜택 등 투자 인센티브 제공에 대해서도 담당 공무원들이 너무나 인색했던 것이다. 이후 베트남과 방글라데시가 어떻게 달라졌는지 방글라데시 공무원들도 안다. 수많은 한국 기업들이 베트남으로 진출했다.

이제 수도 다카 시내나 공업단지에서 정전은 찾아보기 힘들다. 오히려 국가 전체적으로 발전소 건설에 과잉투자를 하여 유휴 전력설비에 엄청난 정부 보조금이 나가고 있을 정도다. 투자 유치에도 발 벗고 나섰다. 투자 유치가 경제발전의 원동력이라고 인식하고 투자 여건 개선과 원스톱 서비스 등 다양한 노력을 기울이고 있다. 경제발전의 최대 걸림돌로 작용했던 정치 불안도 종식되고 안정적인 성장 궤도에 진입했다. 이제 최빈국을 졸업하고 중진국 진입을 목전에 두고 있으며 국제적인 금융기관에서는 앞으로 10년간 전 세계에서 가장 괄목할 만한 경제성장을 이룰 나라로 방글라데시를 꼽고 있다.

방글라데시의 나라꽃은 수련이다. Water Lily로 알려진 이 꽃은 연꽃처럼 물 위에 떠서 피는 꽃으로 생김새도 연꽃과 닮았다. 그런데 수련의 '수'자는 한문으로 '물' 수(水)가 아니라 '잠 잘' 수(睡)를 써서 수련(睡蓮)이다. 잠을 자는 꽃이다. 밤에는 꽃잎을 모으고 자다가 아침에 햇살을 받으면 다시 활짝 핀다.

지난 반세기 동안 전 세계 거의 모든 나라가 발전에 발전을 거듭하면서 중진국, 선진국 대열에 진입했지만 방글라데시는 그동안 긴 잠을 자다가 이제야 기지개를 켜고 있다. 나라를 상징하는 '잠자는 연꽃' 때문은 아닌 것 같은데 말이다. 이제 포스트 코로나 시대에 포스트 차이나 국가로 방글라데시가 긴 잠에서 깨어나고 있다.

12

유망한 투자 분야, 할 일이 많다

주요 유망 산업을 살펴보고 한국 기업의 입장에서 보다 유리하게 접근
가능한 분야와 고려 요소들을 소개한다.

1) ICT

방글라데시의 전반적인 정보통신기술(ICT) 정책수립과 집행은 '국가
ICT TASK FORCE'에서 추진되는데 총리가 수장으로 있다. 그리고 주무
부처는 과학정보통신부이며 이에 소속된 BCC(Bangladesh Computer
Council)가 국가 전역에 걸쳐 각종 ICT 사업을 육성하고 있다.

민간에는 전국 ICT 관련 기업들이 소속된 BASIS(Bangladesh Associa-
tion of Software and Information Services)가 활발한 활동을 펼치고 있
으며 회원사는 1,000개 사 정도다.

ICT산업의 시장 규모는 2008년 2,600만 달러에서 현재 10억 달러 정도로 성장하였다. 그리고 그동안 'Digital Bangladesh' 정책하에 매우 공격적인 정책을 추진해 현재 ICT산업은 다른 어떤 산업보다 선진화되고 있으며 주요 실적은 다음과 같이 요약된다.

전국의 80% 이상이 광통신망으로 연결되어 있고, 전체 인구 숫자에 버금가는 1억 6천만 핸드폰 가입자 수를 자랑한다. 그리고 1억 명에 육박하는 인터넷 가입자와 최근에는 인공위성까지 쏘아 올려 명실상부하게 첨단 ICT 국가로의 길을 차근차근 밟아 가고 있다.

〈방글라데시 ICT산업 현황〉 (자료: BTRC, UNOOSA)

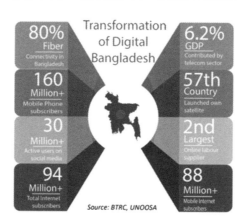

이러한 하드웨어적인 자원 외에도 ICT산업 인력도 풍부한데 어느 정도 소프트웨어 개발이 가능한 중급, 하급 정도의 ICT 인력은 임금도 인도보다 40% 낮고 영어도 잘한다. 특히 전체 인구 1억 7천만 명의 64%가

18~35세의 젊은 층으로 구성되어 있어 앞으로 발전 가능성도 많아 큰 장점으로 간주된다. 삼성도 현재 소프트웨어 개발 등 과제를 수행하기 위해 다카 시내에 삼성 R&D센터를 운영하고 있는데 현지 개발자 500명 정도를 채용하고 있다. 정부에서는 이러한 ICT 분야에 대한 외국인 직접투자를 적극 장려하고 있으며 이 분야에 대한 인센티브는 다른 분야에 비해 특히 파격적이다.

그리고 주목할 만한 공공 ICT 인프라로 전국에 16개의 Hi Tech Park와 7개의 Technology Park, 12개의 IT Training & Incubation Center, 그리고 Tier 4 Data Center를 구축해 ICT산업을 지원하고 있다. 2018년 인공위성 발사에 이어 2023년까지 5G시대를 본격적으로 열 준비를 하고 있다.

방글라데시는 그동안 정치적인 불안정 등으로 특정 산업에 대한 지속적이고 체계적인 지원이나 육성이 불가능했다. 그러나 최근 10년 이상 정치적인 안정 속에 ICT산업에 대한 정부의 체계적인 지원이 주목받고 있으며 현재 그 성과도 속속 나오고 있다.

물론 ICT 관련 부처의 집중적인 지원 노력에도 불구하고 여타 정부 부처의 비효율적인 요인으로 인해 전체 시스템에 있어서는 다소 부족한 면이 있지만 실권자 총리의 아들이 ICT 보좌관이라는 것만 보더라도 앞으로의 가능성을 엿볼 수 있다. 삼성 R&D센터에 고용된 500명의 현지 직원도 개개인의 자질은 아주 우수하게 평가받을 정도로 각종 인프라 측면에서는 장점이 분명히 있다.

향후, 소프트웨어 개발, 콜센터, 웹서비스 개발 등도 유망한 분야이며, 특히 정부에서 서두르고 있는 5G 통신망 시대를 겨냥한 관련 통신기기 및 광케이블 산업에 대한 관심도 필요하다.

또한 방글라데시의 전자 정부 마스터플랜을 한국의 코이카(KOICA)에서 수립해 주었으며 전국에 1만 개 정도의 Digital Lab(정보통신 교육센터) 구축 사업을 우리나라가 수출입은행 차관 사업으로 지원하고 있어 향후 추가적인 정부 발주 ICT 프로젝트 수주에도 관심이 필요하다.

2) 가전제품

냉장고, TV, 세탁기, 에어컨 등 가전제품 시장 규모는 약 15억 불 정도 며 경제성장으로 인한 구매력 상승과 현지 제조사들의 제조업 투자 확대로 시장 규모는 해가 갈수록 확대될 것으로 전망된다. 특히 전력 공급의 확대, 가족분화와 도시화도 가전제품 수요 증가에 한몫을 차지하고 있다. 냉장고를 예로 들면 2018년에 549만 대가 팔렸는데 2020년에는 680만 대로 증가했다.

외국의 다국적 브랜드의 경우, 그동안은 거의 모든 가전제품이 완제품 형태로 수입되어 왔으나 현지 브랜드의 약진과 90%가 넘는 관세에 대한 부담도 있고 해서 최근에는 외국 브랜드의 현지 조립이나 제조공장들이 속속 들어서고 있는 추세이다. 정부에서는 제조업 육성을 위해 현지 조립 혹은 생산 제품에 대한 파격적인 세제 혜택을 주고 있다. 우리나라의 삼성전자와 LG전자도 2018년 이후 현지 파트너 사를 통해 조립공장을 준공하고 가전제품이나 핸드폰을 현지에서 직접 생산하기 시작했다.

따라서 가전제품의 경우 현지 조립생산을 통한 시장 확대는 피할 수 없는 대세이며 가전제품 생산과 관련된 기술, 부품, 생산 설비 등에 대한 시장 확대에도 관심이 필요하다. 현지 회사들도 최근에 한국 기업들과 기술 협력, 부품 조달, 컨설팅 등을 받고 있다. 이들은 초기에 외국의 중고 가전제품 생산 라인을 그대로 들여와서 주로 조립 형태로 생산하다가 이후 한국 기업들과 협력하여 기술력을 높여가고 있다.

다국적 브랜드든 로컬 브랜드든 가전제품 생산 공장에는 수많은 기술과 장비가 필요하다. 제품의 디자인과 설계, 금형제품의 설계와 생산, 컨설팅 그리고 관련된 수많은 사출작업과 필요한 장비까지 한국산 제품과 기술이 빛을 발휘할 수 있는 시장이다.

3) 플라스틱 및 관련 기반 산업

현지 제조업이 확대되면서 플라스틱 원료와 플라스틱 부품에 대한 현지 수요가 급속히 증가하고 수출도 활발히 이루어지고 있다. 2019년도에 플라스틱 제품 수출은 1.2억 불로 전년 대비 22% 증가했다.

대부분의 수출 실적은 대기업 위주로 발생하고 있다. Bengal Plastics, Partex 그룹, Akij 그룹 등 대기업들은 자체 비즈니스 모델을 보유하여 적극적으로 수출 시장에 참여하는 반면, 중소·중견기업들은 내수 시장에 집중하고 있다.

특히 기존 방글라데시 플라스틱산업은 현지의 의류, 식료품 포장 등에 집중되었으나 산업발전이 본격화됨에 따라 최근에는 가전제품, 자동차 부품, 건설기자재 등으로 영역을 크게 넓히고 있다. 현지 가전제품 생산 회사들은 플라스틱 원료, 사출성형기계 등을 수입하여 자사 가전제품에 들어가는 플라스틱 부품을 직접 생산해서 자체 수급률을 지속적으로 높여가고 있다.

그리고 대기업 RFL 그룹 또한 플라스틱산업에 진출하여 자체적으로 확보한 사출성형기계를 통해 플라스틱 제품 생산에 돌입했다. RFL사는 플라스틱 관련 금형과 사출기를 가장 많이 확보하여 독보적인 지위에 있다. 가전제품을 생산하는 여타 대기업의 경우 제품에 소요되는 플라스틱 제품에 대해 모든 종류의 금형이나 사출기를 구비할 수 없으므로 필요시 RFL사에 생산을 의뢰하기도 한다.

다국적 브랜드의 현지 조립생산 라인에서 플라스틱 부품이 어떻게 조달되는지 살펴보면 이해에 도움이 될 것이다. 특정 플라스틱 부품의 금형에 대한 설계도는 다국적 기업으로부터 현지 생산 파트너가 직접 받는다. 그러나 현지에 금형 제작 기술과 관련된 산업기반이 취약해서 해당 부품 생산을 위한 금형 제작은 중국과 같은 외국에 의뢰한다. 제작된 금형을 가져와서 자체 사출기를 보유한 일부 업체는 자체적으로 해결한다.

그러나 대부분의 기업은 관련 설비가 없어 다양한 사출기를 보유하고 있는 RFL사와 같은 특정 회사에 의뢰해서 해당 플라스틱 부품이나 제품을 생산하는 구조다.

이처럼 현재 방글라데시는 제조업이 갑자기 확대되면서 플라스틱 제품에 대한 금형과 사출 수요는 폭발하고 있는데 자국 내에 자체적인 산업 기반이 취약하고 개별 기업별로도 관련 설비를 완비하지 못해 외국이나 자국 내 다른 기업에 의존하는 경우가 많다. 현재 모든 플라스틱 원료와 사출성형기계는 100% 수입에 의존하고 있다. 가전제품 시장이 확대되면서 관련 부품 생산에 필요한 성형기계는 한국산을 포함한 고급 제품이 대세를 이루고 있다.

방글라데시 정부는 플라스틱 제조업체들을 위해 다양한 지원을 아끼지 않고 있다. 우선 재정 지원으로 플라스틱 제품 수출 시 10%의 현금 인센티브를 제공하고 플라스틱 원료와 관련 기계류 수입 시 면세 혜택을 주고 있다. 또한 〈정부 수출 정책 2018-2021〉에서 플라스틱산업을 가장 높은 순위로 선정하여 국가 산업 정책으로 우대하고 있으며 플라스틱 제품을 제조하여 수출하는 중소·중견기업에게는 은행으로부터 무담보 대출을 제공하고 있다. 정부에서는 플라스틱 경제구역(Plastic Economic Zone)을 설정하고 플라스틱산업 촉진을 위해 Munshiganj 지구 공업지대에 1억 5천만 불 규모의 프로젝트를 승인하는 등 다방면으로 지원을 아끼지 않고 있다.

미국, 유럽 등 선진국뿐만 아니라 세계적으로 자국에서 환경 문제로 플라스틱에 대한 규제가 심화되고 생산이 감소되고 있으며 미중 무역분쟁으로 중국산 플라스틱 제품이 힘을 잃고 방글라데시산 플라스틱 제품은 반사 이익을 보고 있다. 이러한 상황에서 플라스틱 사출기계, 원료, 금형 산업 그리고 직접적인 플라스틱 제품 생산 등이 유망한 분야로 손꼽힌다.

4) Light Engineering

Light Engineering을 경공업으로 번역하기도 하는데 이렇게 번역하면 방글라데시 정부에서 의도하는 의미와 정확히 맞지 않는다. 경공업은 글자 그대로 무게가 가벼운 물건을 만드는 산업으로, 대표적으로 섬유산업이나 식료품 등을 들 수 있다. 방글라데시의 섬유산업은 이미 지난 30년 동안 국가 주요 산업으로 성장했고 앞으로도 발전시켜야 하는 것은 맞지만 미래 주력 산업으로 키워야 할 새로운 경공업이라고 하기에는 맞지 않다.

정부에서 말하는 Light Engineering은 첨단 기술에는 못 미치지만 그래도 어느 정도 기술력을 필요로 하는 기계나 장치와 관련된 산업을 의미한다. 가전제품의 경우 냉장고의 케이스, 문, 내부 칸막이 등 부분품 제조, 각종 기계에 들어가는 간단한 부품, 소형 공구, 장난감, 소비재 공산품, 종이제품 등이 여기에 포함된다. 그리고 아직까지 자동차까지는 힘들지만 오토바이 정도는 도전해 보는 것이 Light Engineering의 정신이다.

이는 산업 전반에 걸쳐서 그동안 수입에만 의존해 오던 것을 자체적인 기술력을 확보해서 국산화하겠다는 의지로 보인다. 기왕 오토바이를 예로 들었으니 오토바이에 대해서 이야기를 이어 가 보자. 요즘 방글라데시에 오토바이가 대세다.

2020년 기준 방글라데시에 등록된 오토바이는 31만 대로 2013년 대비 222%나 증가했다. 특히, 중산층 구매력이 증가함에 따라 중산층의 니즈에 맞는 교통수단인 오토바이의 인기가 높아져 가고 있다.

해외 주요 오토바이 업체들도 방글라데시를 눈여겨보고 있다. 이미 오토바이 시장이 성숙한 베트남, 중국, 인도보다 향후 성장 잠재력이 높은 방글라데시가 더욱 주목을 받고 있는 것이다. 일본 야마하사의 조사에 따르면, 방글라데시는 인구 161명당 1명이 오토바이를 사용하고 있는데, 인도의 경우는 20명당 1명, 베트남, 태국, 말레이시아의 경우는 4명당 1명이라고 한다.

방글라데시 정부는 2018년에 오토바이산업 개발 정책(Motorcycle Industry Development Policy)을 입안하고 2027년까지 연간 생산량을 100만 대까지 늘린다는 목표를 설정했다. 현재 10% 수준인 현지 생산 규모를 2027년까지 50%로 확대한다는 것이다. 또한, 가격 경쟁력이 있는 고급 오토바이를 해외에 수출한다는 계획까지 세웠다

또한 직업을 가진 도시 여성들을 중심으로 스쿠터의 인기가 높아지고 있다. 여성 취업자 수가 증가함에 따라 스쿠터 수요도 지속적으로 증가

할 전망이다.

오토바이 시장 성장과 함께 관련 생산 장비와 부품 수요도 증가세를 보이고 있다. 현지 사정을 고려할 때 Hydraulic Press Machine, CNC Machine 등 오토바이 생산 관련 기계류와 Aluminum Alloys, Nuts, Bolts, Pneumatic parts, Tire, Helmets, Engine Oil 등 부품류가 그야말로 Light Engineering으로 유망하다는 이야기다.

위에서 설명한 오토바이는 하나의 예다. Light Engineering은 산업의 모든 분야에 걸쳐서 다양하게 적용 가능한 아이템을 찾을 수 있으며 이미 이러한 과정을 거친 우리로서는 기술이전이나 제조업 서비스 등을 통해 보다 많은 기회를 만들어 낼 수 있을 것이다.

5) 농업

아직도 방글라데시는 47.5%의 인구가 농업에 종사하고 있으니 국가 차원에서도 신경이 많이 쓰이는 분야다. 씨앗, 비료, 농약, 농기계 및 관개 시설 그리고 식용유, 쌀, 감자, 과일 및 채소 등을 포함한 식품가공 분야를 포함한다. 이 분야는 외국인의 100% 지분 투자도 가능하다. 각종 세제 혜택도 있고 식품가공 분야는 전기 사용료의 20%를 인센티브로 돌려주고 있다. 또한 수출을 할 경우에는 품목에 따라 수출 금액의 5~20%를 정부에서 보조금으로 지원해 주고 있다.

특히 한국으로부터 농약이나 비료, 동물 백신 등이 많이 수입되고 있는데 인구 1억 7천만 명이 필요로 하는 농산물과 식품 시장은 무시할 수 없을 정도의 중요한 의미를 지닌다. 농업에 유리한 기후 덕분에 3모작까지 가능하다. 그러나 잦은 경작 후에 지력이 보강되지 않고 비료, 농약, 농기계도 부족하며 농업기술이 발달하지 못해 생산성은 크게 뒤처지고 있다.

그동안 가난으로 육류 소비도 다른 동남아 국가에 비해 현저히 낮은 수준이었으나 최근에 소득이 높아지면서 닭, 소고기 등 주요 양계, 축산 제품에 대한 수요가 증가하여 이 분야에 대한 투자가 활발히 이루어지고 있다. 특히 가축 사료, 동물 백신, 현대식 도축 시설 등에 관심이 많다.

또한 방글라데시는 수많은 강과 늪지를 이용한 민물고기 양식이 성행하고 있으며 대규모 국내 소비뿐 아니라 수출액도 전 세계 5위 안에 들 정도로 시장이 크게 형성되어 있다. 양식업자들은 선진 양식 기술과 새로운 장비에 관심이 많다. 관련 분야에 대한 투자도 항상 이야깃거리가 되고 있다.

정부에서는 농업 생산성 향상을 위해 2020년에는 향후 5개년 계획으로 3억 7천만 불 규모의 농기계 구입 지원 자금을 승인했다. 이양기, 콤바인, 탈곡기, 건조기, 농약 살포기, 제초기, 감자 수확기 등이 포함되며 농민은 50%의 대금만 지불하고 나머지 50%는 정부에서 지원하는 제도로 농민들의 환영을 받고 있는데 2025년까지 5만 대 이상의 농기계가 전국에 보급될 계획이다.

그동안 농업 분야의 99%는 수작업으로 이루어져 파종이나 수확기를 놓치는 등 농업 생산성이 크게 떨어질 수밖에 없었다. 이러한 비효율적인 농업 시스템을 개선하기 위해 정부는 대대적인 지원책을 시행하고 있으며 이를 이용한 외국 농기계의 수입 증가와 더 나아가 조립생산 투자도 크게 각광받고 있다.

6) 섬유·봉제

방글라데시는 중국 다음으로 전 세계에서 의류 수출 2위 국가다. 국가 전체 수출의 83%를 차지할 정도로 현재 방글라데시에서 가장 중요한 산업으로 정부의 각종 지원과 혜택이 많다. 특히 봉제업은 노동집약적인 산업인데 현지인 최저 임금이 100불 수준으로 베트남, 인도에 비해서도 낮고 노동력이 풍부해서 급격한 임금 인상에 대한 우려도 없다. 그리고 아직까지 유럽 등 주요 시장으로 수출 시 무관세 혜택을 받을 수 있어 상대적으로 경쟁력을 확보할 수 있다.

섬유·봉제산업의 본산인 수출가공공단에는 지금도 외국 기업으로는 한국 기업의 숫자가 제일 많다. 그러나 최근 현지 기업의 추격이 심해지고 중국 기업들의 진출도 가속화되어 차츰 국내 기업에게는 투자 매력도가 떨어지고 있다.

사실 방글라데시의 섬유산업은 그 뿌리가 깊다. 영국이 식민 지배를 시작하기 전까지 유럽으로 수출된 아시아 면직물의 50% 이상이 이곳 벵골 지방에서 생산되었다. 특히 방글라데시에서 생산된 Muslin(모슬린)은 평직으로 아주 얇게 짠 면직물로 당시 유럽에 인기가 많았으며 얼마나 얇았던지 드레스 한 벌을 접으면 한 손 안에 들어갈 정도였다고 한다. 지금도 영국에서는 속이 다 비치는 면직물을 Muslin(모슬린)이라고 부른다.

중국에 비단이 있었다면 방글라데시에 면직물이 있었던 셈이다. 그런데 18세기 이후 벵골 지방의 Muslin산업은 사라지게 된다. 영국의 산업혁명으로 촉발된 대규모 공장형 면직물 생산 시스템을 따라갈 수 없었으며 당시 이곳을 지배한 영국이 벵골 지방의 Muslin 생산과 수출을 통제했기 때문이다.

영국의 식민 지배는 한때 면직물로 세계적인 명성을 날렸던 방글라데시의 존재감을 200년 동안 이 지구상에서 지워 버렸다. 그러나 그 잊힌 방글라데시에 다시 섬유산업의 불씨를 전해 준 나라가 한국이다. '동방의 등불'을 쓴 벵골 민족의 후손 타고르(Tagore)는 최소한 자기 민족에 대한 한국 기업의 기여는 이미 오래전에 예언한 셈이다.

이러한 원단 무역이 당시까지 얼마나 중요한 비즈니스였는지 한번 생각해 봐야 한다. 현재는 무역에서 많이 거래되는 부분으로 반도체, 핸드폰 등 전자제품, 차량 등을 생각할 수 있다. 하지만 이러한 기술과 제품이 없었던 과거에는 의식주로 대별되는 인간의 기본 필수품 중 원단은 무역거래에 있어서 지금의 전기, 전자제품, 차량에 버금가는 위치에 있었다고 볼 수 있다. 오죽하면 동서양의 무역통로를 비단길이라고 이름을 붙였겠는가?

그러고 보니 역사적으로 비단길의 나라 중국이 전 세계 의류 수출 1위, 면직물의 나라였던 방글라데시가 현재 2위를 하고 있는 것도 우연은 아닌 것 같다. 방글라데시의 섬유산업은 몇 년 후 공식적인 최빈국 졸업에 따라 유럽 시장에서의 무관세 혜택이 사라지는 등 닥쳐올 장애물도 많지만 수백 년 전통과 저력을 감안할 때 여전히 주목해야 할 분야라고 할 수 있다.

7) 조선산업

1805년 영국 해군이 Trafalgar 해전에서 프랑스군을 물리칠 때 사용했던 선박이 방글라데시에서 건조되었을 정도로 역사적으로 조선업이 발달해 온 지역이다. 방글라데시에서 영국으로 배를 이동할 때는 당시 유명했던 벵골산 면제품 등 수출품을 가득 싣고 갔을 것으로 생각된다. 그때나 지금이나 이 지역은 벵골만을 중심으로 내륙으로 수많은 강이 연결되어 있고 바다로 통하는 관문이라서 선박 건조에 대한 수요는 항상 존재했다.

전국에 100여 개 이상의 조선소가 있으며 이 중 수출을 할 수 있을 정도의 조선소는 2개 정도며 나머지는 대부분 내륙 운송용 선박을 제조하고 있다. 수출 금액은 아직 크지 않지만 2017년에는 전년 대비 93%, 2018년 전년 대비 79% 증가할 정도로 최근 들어 증가세가 가파르다. 한국, 중국, 일본 등에서 대형 선박을 제조한다면 방글라데시는 연안 혹은 내륙용 소형 선박을 건조한다고 보면 된다.

Dockyard and Engineering Works Limited사는 해군에서 직접 관리하는 조선소인데 해군은 구축함 6척, 총 규모 20억 불에 달하는 초대형 입찰을 준비하고 있다. 방글라데시 정부는 앞으로 자국 조선산업 육성을 위해서 이러한 구축함의 단순한 완제품 수입이 아니라 최신형 조선소 설비와 조선 기술의 전수까지 포함한 패키지 형태의 입찰을 계획하고 있다. 과거 조선 강국의 명성을 되찾아 오겠다는 야심이 엿보이는 대목이다.

우리나라는 1998년 2,300톤급의 구축함을 방글라데시에 수출한 적이 있다. 당시 구축함을 건조한 회사는 대우조선해양으로 대우라는 회사의 이미지는 이곳에 아주 크게 각인되어 있다. 구축함뿐 아니라 ㈜대우가 1978년에 방글라데시 최초로 현대식 봉제공장을 짓고 현지인 150명을 한국으로 데려가 교육을 시켰으며 이들이 돌아와 방글라데시 최대 산업인 섬유산업의 씨앗이 되었기 때문이다.

이곳에서는 우리나라로 치면 인천, 부산 등에 해당하는 주요 항만의 청장이 군인이다. 해군 제독이 맡는다. 항만청장을 만난 적이 있는데 자기가 소위 시절에 한국에 1년 동안 체류한 적이 있었다고 했다. 대우조선해양에 파견 가서 방글라데시로 수출될 구축함 건조 작업에 참여한 적이 있다며 한국과의 인연을 특별히 강조한 기억이 난다.

조선 산업의 향후 전망을 고려할 때 방글라데시는 무엇보다도 가격 경쟁력은 있다. 인건비, 부지 비용 등이 저렴하고 기본적인 품질은 확보된다. 반면 취약점으로는 금융 비용의 부담이다. 연간 이자율이 12~15%다. 그리고 기술적으로 선박 건조 설비의 현대화가 무엇보다도 시급하다. 특히 automated welding, out fitting jetties, floating dock 분야의 현대화와 조선소 내 안전관리, 효과적인 인력 운용 등 전반적인 교육 훈련 분야의 개선이 시급하다.

조선 기자재 또한 자국 생산 제품이 없어 주로 수입에 의존하고 있는데 중국으로부터 철판을 수입한다. 주요 부품인 엔진이나 프로펠러 세트, 기어박스, 발전기, 펌프 등은 독일, 노르웨이, 일본 등지에서 수입하며 패널과 바닥재, 천장재 등은 한국에서, 밸브는 한국과 노르웨이에서 수입한다.

앞에서도 언급했듯이 방글라데시는 주로 중소형 선박 건조단계에 있으며 장비와 기술면에서 앞으로 업그레이드해야 할 부분이 많다. 따라서 한국과 이러한 조선 기술 협력도 필요하며, 한국 기업이 방글라데시의 저렴한 선박 건조 비용을 활용할 수도 있을 것이다. 그리고 조선 기자재의 경우 유럽이나 미국, 일본에서 수입해 오는 물량을 한국산으로 대체하는 방안도 강구해 볼 수 있다.

또한 일반 선박뿐만 아니라 히말라야 수천km 산비탈에서 쏟아져 내려오는 토사로 전국의 강과 항만이 몸살을 앓고 있어 퇴적물을 처리하기 위한 준설선의 수요도 항상 이슈가 되고 있다.

8) 의료 분야

의료 시설이 낙후하여 매년 외국에 나가서 치료를 받는 사람들이 많아 연간 20억 불을 해외에 쓰고 있다. 이는 방글라데시 GDP의 2%에 육박하는 것으로 정부에서도 이러한 비용을 매우 심각하게 받아들이고 있다. 이러한 분위기 속에서 방글라데시 의료 시장은 매년 21%씩 성장하고 있다.

방글라데시는 국민의 70% 이상이 정부 병원을 이용할 정도로 국영 의료 시스템에 의존하는 국가다. 독립 후 건국할 때부터 사회주의를 표방해서 이러한 현상이 지속되었다. 아직 소득이 높지 않아 비교적 저렴한 정부 병원을 이용하는 사람들이 많으며 민간 병원은 고가의 의료비를 감당할 수 있는 부유층이나 정부 병원에서 치료가 안 되는 경우에 한해서 이용한다.

전국에 행정 구역인 DISTRICT가 64개가 있는데 각 DISTRICT에 정부 병원이 1개씩 있다. 병상 규모는 250개 정도다. 그리고 국영 대학병원 등 대형 정부 병원이 따로 44개가 있는데, 이들 병원의 병상은 500~1,500개 등 규모가 큰 편이다. 그리고 최근에 다카를 중심으로 전국에 고급 민간 병원이 늘어나고 있다.

이들 국영, 민간 병원 등에서 수입하는 의료기기는 연간 1억 불 정도이며 주로 미국산을 많이 수입하며 그다음이 독일이다. 몇 년 전까지만 해도 SIMENS를 위주로 한 독일산이 많이 쓰였으나 최근에는 GE 등 미국산이 시장을 선점하고 있으며, 특히 GE는 CT 장비의 시장 점유율이 매우 높다.

방글라데시의 의료기기 시장은 양극화되어 있다. 주로 고가 장비는 SIMENS, GE, PHILIPS 등에 대한 브랜드 인지도가 너무 확고해 이를 깨기가 쉽지 않다. 그리고 저가 제품은 가격에 매우 민감해 중국산이 주를 이룬다. 한국산은 전반적으로 품질이 좋다는 인식은 있으나 실제로 사용되는 사례가 적어 의사들이 확신을 가지지 못하고 있는 실정으로 보다 공격적인 접근이 필요하다.

다행히 최근에 우리나라는 EDCF(대외경제협력기금)을 이용해 장기 저리 차관 형식으로 수도 다카 시내에 가장 유명한 BSMMU 병원 증축 공사를 하고 있다. 총 1억 6천만 불을 투입하는 현대식 의료 장비를 갖춘 최신식 병원으로 한국 기업인 현대산업개발이 짓고 있다. 방글라데시 정부에서는 우리 정부와 한국 기업의 성공적인 프로젝트 추진 상황을 감안하여 추가적인 프로젝트 제안도 할 정도로 좋은 반응을 얻고 있다.

제약 분야에 있어서 의약 완제품 산업은 발달해 있지만 원료와 관련 기계나 설비는 대부분 수입에 의존하고 있다. 2020년 기준 연간 30억 달러에 달하는 의약품 시장은 10억 달러 정도의 의약품 원료를 필요로 하지만 전체 의약품 원료 수요의 8% 미만만 현지 생산으로 충당하고 나머지는 수입에 의존하고 있다.

정부는 의약품 원료에 대한 수입 의존도를 낮추기 위해 API(Active Pharmaceuticals Ingredient) 파크(Park)를 조성하고 국내외 기업들을 유치하기 위해 노력 중이다. API 파크 프로젝트는 3천만 달러를 투입하여 Munshiganj 지역에 200에이커 규모의 공단을 짓는 프로젝트다. 2021년 5월 기준 10여 개의 공장이 가동 중이며 현지 기업들의 3억 달러 규모의 투자가 예정되어 있다. 2022년까지 총 42개 공장을 유치하고 2만 5천 명의 신규 고용을 창출한다는 목표도 설정했다.

방글라데시는 일반 의약품, 인슐린, 호르몬제, 항암제 등은 물론 장티푸스, 소아마비, 디프테리아, 인플루엔자 등 20여 가지의 세균 및 바이러스성 감염을 치료할 수 있는 백신도 생산하고 있다. 그러나 종양(oncological) 관련 의약품은 수입에 의존하고 있어 자국 생산을 위해 노력 중이다.

미국의 IMS(Intercontinental Medical Statistics)는 2025년에 방글라데시 의약품 시장이 60억 달러를 상회할 것이라고 전망하고 있다. 이 정도면 의외로 방글라데시의 경제 수준에 비해 제약 산업이 발달한 것을 알 수 있고 특히 복제약(Generic Drug) 제조는 전 세계에 많이 알려져 있다. 코로나 치료제인 렘데시비르도 미국에서 정품 약이 출시되었지만 세계 최초로 방글라데시에서 동일 효능의 복제약이 출시된 바 있다. 이들 복제약은 선진국에서 이미 출시된 약을 방글라데시 같은 개발도상국에서 국제적인 용인 아래 로열티 지급 없이 저가에 제조하는 것으로 효능은 동일한 것으로 알려진다. 미국에서 100만 원을 넘는 간염치료제도 방글라데시에서는 복제약의 형태로 1만 원에 판매되는 경우도 있어 아는 이들의 주목을 받기도 한다.

의료 시스템은 인간이 살아가는 데 가장 중요한 기본적인 산업이므로 인구 1억 7천만 명의 방글라데시에서 앞으로도 현대식 의료 설비와 장비, 첨단 제약 산업에 대한 관심은 더욱 높아질 전망이다.

9) Cold Chain

방글라데시는 연중 기온이 높고 3모작이 가능할 정도의 기후다. 전체 농산물 중 72% 이상이 과일과 채소인데 이 중 40%는 고온의 기후에서 최종 소비자에게 공급되기 전에 제대로 된 냉동, 냉장 저장고가 없고 냉동, 냉장차가 없어 부패로 인해 버려진다.

특히 심각했던 상황은 2020년 9월 전국 양파 대란이 발생한 때였다. 인도로부터 대규모로 수입을 해 오고 있었으나 인도에서 양파 수출을 금지하여 방글라데시에서는 양파값이 천정부지로 치솟고 곳곳에서 양파 쟁탈전이 벌어졌다. 양파는 인도, 방글라데시 등 서남아 지역에서 가장 중요한 양념 혹은 식재료 중 하나로 양파 대란은 정권 붕괴로 이어질 수 있다는 위기감을 가질 정도다. 이러한 사건 이후에 정부에서는 2023년까지 단계적으로 전국 양파 생산 단지 및 수입 루트에 양파 냉장 저장고 설치를 추진하고 있다.

방글라데시에서 생산되는 과일 중 망고도 빼놓을 수 없다. 특히 망고는 수확철이 매우 짧고 높은 당도로 인해 쉽게 부패하는 과일로 1~2개월 짧은 수확철에는 대량 공급으로 초저가에 판매가 되고 나머지 10개월 이상은 자연 상태의 망고가 공급되지 않아 가격 격차가 매우 심한 과일이다. 최근 이를 타개하기 위해 망고 생산지를 중심으로 냉장 저장 창고를 설치하기 시작하여 일부 과수 농가에서는 망고를 연중 출하하여 소득을 올리고 있다.

이러한 시도는 호박, 토마토, 풋고추 등 다양한 채소로 확대되고 있으며 최소한 몇 주에서 몇 달씩 냉장창고에 보관하면서 출하시기를 조절하고 있다.

그러나 이러한 냉동, 냉장창고 시설은 일부 지역에 국한되고 전국적인 유통망으로 구축되지 않아 아직 걸음마 단계로 볼 수 있다. 채소뿐만 아니라 육류, 계란, 우유, 아이스크림, 기타 식품 등 그 분야가 끝이 없으며 영하의 온도에서 보관되어야 하는 각종 질병 진단키트나 백신의 경우 더욱더 냉동 콜드체인이 필요한데 이러한 시설 미비는 국가 의료 시스템 자체를 위협하고 있다. 특히 코로나와 같은 팬데믹(Pandemic) 상황에서 콜드체인의 필요성은 더욱 부각되고 있다.

2020년 9월, 민간 기업 중심으로 전국 단위의 의미 있는 콜드체인 사업 하나가 시작되었다. 아이스크림 생산 민간 기업인 Golden Harvest사가 World Bank 산하 IFC(International Finance Corporation)와 합작으로 전국 콜드체인망 사업을 시작하였다. 총 사업비 2,200만 달러를 투입하여 Golden Harvest 70%, IFC 30% 지분으로 전국 12곳에 냉동, 냉장창고 시설과 수송 차량을 확보하는 사업이다.

그리고 정부와 학계를 중심으로 콜드체인에 대한 다양한 논의와 대책을 강구하고 있다. Department of Agricultural Marketing(DAM)은 농산물 판촉을 지원하는 정부 부처인데 여기서는 민간 기업 차원의 콜드체인과 별개로 정부 차원에서 전국에 15개의 농산물 저장 창고를 설치할 계획이다.

고도의 경제성장과 더불어 소득 수준이 증가함에 따라 일반 소비 시장이 크게 성장하고 있어 각종 채소, 과일, 우유 제품, 육류, 냉동식품 등에 대한 가공시설과 효율적인 유통 수요가 크게 늘고 있다. 이에 정부와 민간 기업을 중심으로 이제 콜드체인에 대한 관심과 사업이 시작 단계인 만큼 냉동, 냉장 저장고(cold storage), 냉동, 냉장 탑차(refrigerated vehicle), 사전 냉동 설비(pre cooling facility), 분류 및 포장, 구매 및 배송 시스템 등 관련 분야에 대한 관심이 필요하다.

그리고 냉동, 냉장 탑차의 경우, 완성차에 대한 수입관세를 피하고 현지 경쟁력을 높이기 위해 현지 파트너사와 현지 조립생산 시스템을 마련하여 시장을 공략하는 방안도 검토가 필요하다.

10) 신재생 에너지 및 전력 인프라

방글라데시의 전력 부문은 최근 몇 년간 상당한 성장을 이루어 냈다. 2013년 10,000MW 수준이었던 총 발전용량이 최근에 20,000MW로 두 배로 증가했다.

발전용량의 증가는 괄목할 만한 수준이지만 그럼에도 불구하고 아직 국가 전역에 전기를 공급하지는 못하고 있다. 특히 농촌 지역은 2019년 기준, 인구의 15% 정도가 전기를 안정적으로 공급받지 못하고 있다. 전력 용량 자체가 부족하기보다는 그리드 손실, 송배전 인프라 부족 등의 열악한 상황이 전력 공급의 불균형을 초래한다는 점이다.

방글라데시는 우리나라처럼 한전과 같은 공기업이 대부분의 전력을 생산하는 것이 아니다. 국가에서 생산하는 전력은 50%이며 나머지는 민간에서 맡고 있다. 그동안 전력 부족을 타개하기 위해 민간 발전소를 너무 많이 승인했다. 발전 사업자들은 당연히 정부의 단가 계약에 의한 구매 확약을 받고 발전소를 건설했으므로 전력 수요가 없어서 발전소를 가동하지 않더라도 정부에서는 계약된 보조금을 지급해야 한다. 이 가난한 나라에서 매년 비효율적으로 지출되는 이러한 보조금이 천문학적인 금액으로 정부에서도 심각한 문제로 보고 있다.

발전 설비는 남아도는데 국가 전체적으로 전력이 골고루 공급되지 못해 아직도 전기를 충분히 이용하지 못하는 지역이 있다는 말이다. 지금도 송배전 프로젝트 발주가 많이 이어지고 있으며 한국 기업들의 참여도 활발하다. 한국의 스마트 그리드 기술에 대한 관심이 많은 것도 당연하다.

이러한 그리드 손실과 송배전 인프라 부족의 어려운 상황에서 신재생 에너지는 또 다른 대안으로 떠오르고 있다. 현재 신재생 에너지 발전용량은 578MW로 이 중 태양열이 60%, 소수력 발전이 40%를 차지하고 있는데 국가 전체 발전 역량의 3% 수준이다. 실제로 방글라데시는 가정용 태양광 시스템(Solar Home System) 활용 비중이 가장 높은 국가 중 하나이다. 방글라데시 시골, 즉 교통이 불편하고 전력 공급망이 닿지 않는 곳에 안정적인 전기 공급을 위해 약 550만 대의 가정용 태양광 시스템을 설치했다. 이는 세계은행이 7억 불 이상을 지원해서 추진한 '농촌 전기화 및 재생에너지 개발 프로젝트(RERED)'로 농촌 지역 거주자 540만 명의 가정에 태양광 시스템을 off grid 형태로 설치하는 사업이다.

그리고 정부에서는 이러한 가정용 외에 771개의 태양열 관개시설을 운영 중이며, 이를 2025년까지 10만 개까지 끌어올리는 것을 목표로 세우고 있다. 이를 위해 태양광 패널의 부품과 장비의 수입에 각종 세제 혜택과 인센티브가 추진되고 있다.

앞에서도 언급했지만 현재 방글라데시는 전력설비에 대한 과잉투자로 전력 생산능력은 남아도는데 전기는 정작 필요한 곳에 골고루 공급되지 못하고 있다. 이러한 불합리한 전력 정책의 결과로 전기 사업자들에 대해 불필요하게 지원되는 보조금이 엄청나다. 이를 해결하기 위해 앞으로 송배전 설비의 대대적인 확충과 스마트 그리드 분야에 대한 대규모 투자가 예상된다. 또한 당장, 원격지 전력 사각지대에 대한 전기 공급과 탄소 중립을 목표로 한 off grid 형태의 태양광 설비의 확충을 위해 지속적으로 노력할 것이고 이는 관련 프로젝트에 대한 국제 입찰로 이어질 것이므로 우리 기업의 관심이 필요하다.

13

기술과 노하우, 목이 마르다

앞에서 10가지 유망한 분야에 대해서 언급했지만 이는 예시에 불과하다. 10가지가 가지를 치면 100가지가 될 수도 있고 모든 산업 전반에 걸쳐서 찾아보면 수천수만 가지도 될 수 있다.

한번은 방글라데시 최대 항구도시 치타공에서 한 기업인이 만나자고 했다. 한국으로부터 기술을 돈을 주고라도 사고 싶다고 했다. 전화로 이야기를 들어 보고 이메일로 내용을 다시 받아 봐도 전문용어 투성이고 도무지 정확히 무엇을 말하는지 이해할 수 없어 현장에 가 보았다.

공장을 한 바퀴 둘러보고 설명을 들으니 이해가 갔다. 이 회사는 제철소의 쇳물바가지 안쪽에 쓰이는 내화물을 생산하고 있었다. 벽돌 형태가 아니라 시멘트 형태의 내화물로 외국에서 보크사이트와 규소 등의 원료를 수입해서 알려진 비율과 방법으로 배합해서 생산하고 있었다. 어떻게 이러한 공장을 시작하게 되었냐고 물으니 처음에는 내화물을 인도에서 수입해서 현지 제철소에 공급하는 오퍼상 직원이었는데 가만히 보니 본인이 직접 원료를 수입해서 제조할 수 있을 것 같아 수년간 시행착오를 거쳐 드디어 제품 생산에 성공하고 수입품을 대체할 수 있게 되었다고 했다. 그래서 그동안 국내 공급처도 늘어나고 회사도 커졌는데 제철소에서 품질에 대해서 클레임이 종종 있어서 이를 해결하고자 한다고 했다. 수입산에 비해 가격은 싸고 품질은 그만그만하니 제철소에서 사서 쓰기는 하는데 품질을 높이면 가격을 더 받을 수 있고 보다 안정적인 거래선을 확보할 수 있기 때문에 선진 기술이 필요했던 것이다.

그동안 벌어 둔 돈을 얼마를 쓰든지 한국으로부터 꼭 그 기술을 전수받고 싶다고 했다. 그래서 국내 몇몇 관련 기업에 연락을 해서 방글라데시의 이러한 절박한 사정을 설명했다. 그러나 어느 기업도 기술이전에 대해서는 선뜻 나서지 않았다. 이해는 갔다. 방글라데시 기업이 대가를 지불하겠다고는 했지만 한국 기업으로서는 기술 그 자체가 기업의 생명과 같은 것인데 쉽게 거래가 가능할 것이라고는 생각하지 않았다. 그러나 길게 보면 우리도 이러한 기술을 과거에 미국이나 일본으로부터 도입한 것이 많으며 일부는 한국을 거쳐 그 이후 중국으로 넘어갔다. 이를 감안해 보면 언젠가는 어떤 경로로 방글라데시가 또 이런 기술을 전수받거나 자체적으로 개발해 낼 것이다.

삼성, LG 등 국내 가전 대기업의 현지 조립공장에도 초기에는 한국인 기술자나 공장장이 수년간 체류하면서 기술 지도를 한다. 그리고 현지 가전 브랜드들도 한국 기업과 거래를 하거나 기술 지도를 받아 그 기술력을 하나 둘 쌓아가고 있는 것이 최근의 상황이다.

제철소 내화물과 같은 특정 품목에서부터 가전제품 조립, 부품 생산 등 수천수만 가지 분야에서 협력이 가능하다. 우리는 이미 걸어온 길이고 이들은 그 길을 배우고자 한다. 기술에 목이 말라 샘이라도 파고 싶은 심정이다.

14

성공과 실패의 경계,
노력과 열정이 말한다

사실 필자와 같은 무역관장은 그 역할과 기능으로 인해 수많은 바이어와 현지 기업인 그리고 현지 교민, 국내 기업인들과 만나게 된다. 앞에서 소개한 것 같이 내화물의 선진 기술을 찾던 현지 기업인도 있었고 자기 땅에 한국의 어떤 공장이라도 짓게 해 달라고 조르는 현지인도 많았다. 그동안 해 오던 일이 신통치 않으니 앞으로 어떤 사업을 하면 잘될지 알려 달라고 하는 기업인도 있었다. 사실 어느 특정 전문 분야가 아닌 전반적인 산업의 트렌드나 방향성에 대해서는 어느 누구보다도 듣고 본 것이 많으니 어느 정도 조언이 가능한 것도 사실이다. 앞에서 설명한 유망한 투자 분야 10가지도 그런 차원으로만 이해해 주면 좋겠다.

앞으로 어떤 분야가 유망하다고 거기에 뛰어드는 모든 이가 성공하는 것은 아니다. 사자의 사냥 성공률은 20% 내외로 알려져 있다. 사슴이 사자를 잡아먹을 가능성은 0%이고 사자가 사슴을 사냥할 수 있는 것은

100% 맞는 공식이다. 그런데 이 공식에만 너무 집착하다 보면 착각을 하게 된다. 일을 너무 쉽게 생각해 버린다. 사자라도 10번 먹잇감을 노려도 한두 번 밖에 성공하지 못한다는 사실을 명심해야 한다. 나머지 8번은 실패한다.

기왕 이야기가 이렇게 흘러왔으니 현지 진출의 위험이나 어려움에 대해서도 언급을 해야겠다. 한국 기업이 많이 소재해 있는 수출가공공단과 같이 정부에서 관리하고 있는 특정구역에서 바이어에게 오더를 받아 생산하고 바로 수출하는 경우는 그나마 안정적이고 별다른 어려움이 없을 것이다. 지금까지 대부분의 한국 기업이 이러한 형태로 사업을 하고 있다. 이러한 경우에는 현지 회사와 합작의 필요성도 거의 없다.

그런데 커 가는 내수 시장을 보고 현지 회사의 네트워크나 마케팅 능력을 활용해야 하거나 공장부지 등 초기 투입자본에 대한 부담이 있어 현지 회사와 합작을 하거나 수출이 아닌 내수 시장 판매의 경우 상당한 주의가 필요하다. 한국에서는 겪어 보지 못한 현지 실정과 관행이 복병이 될 수 있기 때문이다. 과거 떠오르는 중국에 진출해서 실패한 많은 기업의 사례를 곱씹어 볼 필요가 있다. 그리고 어떤 분야가 유망해서 현지에 진출하면 그냥 무주공산일 리는 없다. 여기서도 현지기업, 중국 기업 혹은 일본 기업과도 경쟁해야 할 수도 있다.

다만 확실한 것은 방글라데시의 성장 잠재력으로 볼 때 건설 프로젝트 수행이든 내수 시장 공략이든 기회의 땅임에는 분명하다. 이미 우리나라 해외 건설 수주 순위에서는 중동 여느 나라를 제치고 8위권에 진입했으며 수많은 국내 건설·엔지니어링 회사가 활약하고 있으며 이제 문을 두드리고 있는 회사도 있다. 또한 한국 상품의 현지 조립공장도 속속 들어서고 있으며 대기업 프랜차이즈나 엔터테인먼트 사업도 진출 가능성을 타진하고 있다.

HSBC 은행에서는 방글라데시의 경제 규모가 현재 42위에서 2030년까지 전 세계 26위로 발전할 것으로 전망했다. 앞으로 경제성장의 순위변동이 가장 큰 나라가 방글라데시라는 말이다. 그러니 무시할 수 없는 시장이고 놓칠 수 없는 기회인 것만은 분명하다.

그러나 처음부터 준비 없이 무리하게 뛰어들었다가는 실패할 수도 있다. 공부도 필요하고 테스트도 필요하고 성공하기 전에 작은 실패는 밑거름이 될 수 있다. 보다 다양한 분야에서 조언을 구하고 경험을 쌓아 본인만의 기준과 노하우를 갖추어야 한다. 이 책도 그런 분을 위해 조금이나마 도움을 주는 것이 목적이다. 또한 사자의 사냥 성공률이 20% 내외인 것은 사자도 배가 고프니 있는 힘을 다해 뛰겠지만 쫓기는 사슴은 사정이 더 절박하니 죽을힘을 다해 달아나기 때문이다. 쫓고 쫓기는 숨 막히는 추격전 속에 성공과 실패의 경계가 있다. 일단 목표가 정해지면 얼마나 노력과 열정을 쏟아부어야 하는지는 자명한 이치다.

15

새로운 도전,
'글로벌 오퍼레이션'

한국은 1970년대 이후 기적에 가까운 경제성장을 이루어 냈다. 성장의 견인차는 당연히 해외 시장 개척을 통한 수출 주도형 경제 정책과 이를 바탕으로 한 제조업의 성장이라는 것은 누구도 부인할 수 없을 것이다.

그러나 최근 들어 단순 제조업은 성장을 멈추고 그 자리를 중국이 차지하고 있다. 간단한 공산품이나 어느 정도 기술력이 필요한 기계나 전자 제품까지 중국에 자리를 내어 주고 있는 것이 해외 시장의 현실이다. 단순한 제품을 생산해서 부산항에서 컨테이너선에 실어서 보내고 바이어에게 돈을 받는 형태의 무역은 이제 힘들어졌다. 그 단계를 넘어서 기술과 서비스 중심의 '글로벌 오퍼레이션' 전략으로 해외 시장을 넓히고 이와 연계하여 국내 연관 제조업 분야에도 새로운 자극을 주어야 한다.

역사적으로 사농공상(士農工商)에 오랫동안 젖어 있던 문화적인 배경

인지는 몰라도 우리는 사업개발(Business development)보다는 공(工), 즉 단순한 제조업에 의존하면서 수출로 우리 경제를 일으켜 세웠다. 그리고 이 과정에서 첨단 기술도 개발했다. 그러나 유교문화에서 천대받던 상(商)의 정신, 즉 장사, 서비스 혹은 사업개발에는 체질적으로 잘 맞지 않는지 나서는 사람이 많지 않다. 특히 홈그라운드를 떠난 해외에서의 사업개발 혹은 '글로벌오퍼레이션(Global Operation)'은 우리의 경제 규모나 무역 규모에 비해 그리 활발하지 않아 보인다. 그러나 지금은 세계를 무대로 한 이러한 기업가 정신이 필요한 때다.

'글로벌 오퍼레이션(Global Operation)'이라는 용어가 좀 생소할지 모르겠지만 단순 수출에서 더 나아가 그동안 축적한 기술과 경험을 가지고 해외로 진출하여 현지 생산, 판매 혹은 현지에서 서비스업을 개발하여 사업화하는 것이다. 차량, 건설장비, 가전제품이나 전자제품의 현지 조립 생산, 발전소 유지관리, 가스 공급 서비스, 영화관, 카페 등 엔터테인먼트 사업에 이르기까지 다양하다. 이 모든 분야에서 우리는 세계 최고 수준의 기술과 경험을 가진 한국이라는 든든한 후원자가 있으니 전 세계 어디를 가더라도 그 어떤 다른 나라 사람들보다 상대적으로 유리할 수 있다.

이런 사례가 없는 것도 아니다. 코라오(KOLAO) 그룹은 한국계 라오스 기업으로 '라오스의 현대 그룹'으로 불린다. 이 회사의 오세영 회장은 라오스에서 스포티지 중고차 2대를 수입해서 사업을 시작한 이후 자동차, 오토바이, 유통, 건설, 레저, 은행 등 다양한 분야의 사업을 개발해서 2018년 기준 1조 8천억 원의 매출을 올렸다. 현재 라오스뿐 아니라 베트남, 미얀마, 캄보디아 등 동남아 여러 나라에서도 우리나라 현대 자동차의 현지 조립, 유통 등 다양한 사업을 펼치고 있으며 오세영 회장은 2020년 '장보고 한상 어워드' 대상을 받은 바 있다. 이러한 성공은 오세영 회장의 탁월한 기업가 정신과 각고의 노력이 있었기에 가능한 일이었다. 그리고 한국의 현대차, 기아차를 비롯한 여러 가지 우수한 제품과 기술은 그의 사업에 든든한 지원군이 되었을 것이다.

한때 이곳 방글라데시를 포함하여 식민지 인도를 장악한 해가 지지 않는 대영제국과 이를 가능케 한 동인도회사를 생각해 본다. 그들의 식민 지배 행태나 수탈의 역사는 분명 비난받아 마땅하다. 다만 당시 국가 차원의 이 회사에 대한 전폭적인 지원과 이 회사의 개척 정신을 생각해 보자는 것이다. 해가 지지 않는 대한민국은 아닐지라도 국가의 번영과 우리 경제의 앞날을 위해서 지금 우리에게 필요한 정신이 무엇인지 되짚어 볼 대목이다.

우연인지 필연인지 우리가 새롭게 개척해야 할 시장은 척박하기 그지없다. 기본적인 생활 자체도 힘들 정도다. 이곳 방글라데시 다카만 해도 전 세계 도시 생활 여건 비교에서 140개 도시 중 139위다. 가장 살기 힘든 땅이다. 향후 세계 경제의 또 다른 중심축으로 주목받는 이웃나라 인도도 마찬가지다.

우리의 기성세대는 40년 전 이 척박한 땅에 섬유산업의 씨앗을 뿌리고 화려한 꽃을 피웠다. 지금 우리의 젊은 세대가 세계 경제의 다음 정거장인 이곳에 기꺼이 몸을 던질 각오가 되어 있는지 묻고 싶다. 많지 않을 것이다. 그들을 탓할 수는 없다. 그들 개인적인 문제는 별개로 하고 해외 시장 개척을 위한 국가, 기업 차원의 제도적인 지원은 충분했는지 묻고 싶다. 국내 분야에 투입되는 천문학적인 예산, 각종 기금 중 일부라도 좀 더 이러한 해외 시장 개척에 지원되었으면 하는 바람이다.

지금 이 시대에 누가 누구에게 맹목적인 희생을 강요하면서 이 척박한 시장을 개척해 보라고 할 수 있겠는가? 다만, 우리 경제의 앞날을 위해 전 세계 다양한 지역에서 승부를 걸어야 한다면 거기에 맞는 생태계를 조성해 주는 것이 국가 정책이고 기업 경영의 바람직한 방향이라고 할 수 있을 것이다.

우리가 지금 주춤하고 있는 동안 중국과 일본은 세계 경제의 흐름을 따라 발 빠르게 대응하고 있다. 앞서 중국, 일본, 인도의 방글라데시에 대한 대규모 인프라 투자 계획과 현재 조성 중인 자국 전용 산업단지에 대해 소개한 바 있다. 이들은 무엇을 보고 무엇을 노리고 있는 것일까?

한국도 40년 전, 어느 나라, 어느 기업도 찾지 않던 이곳 방글라데시에 첫발을 내딛고 이 나라 수출의 80%를 차지하는 의류산업을 태동시켰다. 영원무역은 이곳에서 전 세계 어느 나라도 누리지 못하는 여의도 3배 크기의 '한국수출가공공단(Korea Export Processing Zone)'이라는 특별 공단도 운영하고 있으며 의류산업 분야에서 외국 기업으로는 한국이 가장 큰 비중을 차지하고 있다. 그런데 이것은 이곳에서 40년 전부터 지금까지의 이야기다. 그리고 의류산업에 국한된 이야기다.

　방글라데시는 이제 긴 잠에서 깨어나 기지개를 켜고 있다. 우리나라로 말하자면 1970년대 공업화를 통한 고도성장의 길목에 서 있는 셈이다. 세계 경제의 흐름이 중국에서 인도로 그리고 인접국인 방글라데시 이곳까지 영향을 미치고 있다. 우리도 이러한 흐름에 적극 동참해서 국내에만 안주하지 말고 한국의 우수한 기술력을 바탕으로 현지 진출을 통한 '글로벌 오퍼레이션'에 적극 동참해야 한다. 젊은 방글라데시와 함께 다시 한번 한국 기업의 성공 스토리를 만들 수 있는 기회다.

　다행히 방글라데시는 섬유산업을 중심으로 아직도 한국의 신화가 남아 있는 나라다. 이제 막 노동집약적인 섬유산업에서 탈피하여 공업화의 길로 접어들면서 신제조업 분야에 이르기까지 정부나 기업에서 관련 투자를 확대하고 있다. 그러나 이들에게는 아직 한 번도 가보지 않은 미지의 길이다. 두렵기도 하다. 이들은 앞서간 한국 경제의 기적을 알고 있다. 우리의 경험과 기술을 갈망하고 있다. 우리에게 '글로벌 오퍼레이션'의 시장으로 이곳만한 곳이 또 어디 있겠는가?

　벵골민족의 후예[4]로 세계적인 시성(詩聖)의 반열에 오른 타고르(Tagore)는 일찍이 우리나라를 '동방의 등불'로 노래했다. 수많은 역경과 시련

---

4)　타고르는 방글라데시의 언어인 벵골어로 문학을 했다. 이것을 영어로 번역해서 아시아 최초의 노벨 문학상을 받았다. 그의 조상과 그가 태어난 곳도 벵골지방이다. 영국 식민지배와 독립 과정에서 그의 고향이 인도에 편입되어 인도인으로 알려지고 있다.

을 이겨 내고 기적 같은 경제발전을 이루어 낸 한국은 지금 방글라데시에게 등불과 같은 존재다.

일찍이 아시아의 황금시기에
한국은 하나의 등불이었다.
그 등불 다시 켜지는 날에
너는 동방의 밝은 빛이 되리라.

포스트 차이나, 방글라데시가 깨어난다

포스트 차이나,
방글라데시가
깨어난다

ⓒ 김종원, 2022

초판 1쇄 발행 2022년 1월 21일
    2쇄 발행 2022년 9월 1일

지은이	김종원
펴낸이	이기봉
편집	좋은땅 편집팀
펴낸곳	도서출판 좋은땅
주소	서울특별시 마포구 양화로12길 26 지월드빌딩 (서교동 395-7)
전화	02)374-8616~7
팩스	02)374-8614
이메일	gworldbook@naver.com
홈페이지	www.g-world.co.kr

ISBN   979-11-388-0580-3 (03320)